『플로스강의 물방앗간』
다시 읽기

『플로스강의 물방앗간』 다시 읽기

| 한애경 지음 |

도서출판 동인

이 책은 이미 여러 학회지에 발표된 『플로스강의 물방앗간』(*The Mill on the Floss*, 이하 『물방앗간』으로 약칭하기로 함)에 대한 여러 편의 논문들을 모은 것이다. 이렇게 논문들을 모아 또 다시 출간할 필요가 있을까 하는 고민이 없었던 것은 아니지만, 미국의 MLA에서 나온 『브론테의 <제인 에어> 가르치기』(*Approaches to Teaching Bronte's Jane Eyre*)처럼 적극적인 개별 작품분석에 대한 아쉬움이 이 책을 내게 된 동기다. 과거에 논문을 쓸 때 이 시리즈를 읽으면서 큰 도움을 받았던 경험이 있기 때문이다.

구성은 다음과 같다. 1장에서는 작가와 작품에 대해 간략히 소개하였다. 이 책을 읽는 독자들은 이미 조지 엘리엇(George Eliot)과 이 작품에 대해 잘 알고 있겠지만, 논문을 본격적으로 읽기 전에 작가와 작품에 대한 제반 지식을 갖고 시작하는 것도 그리 나쁘지 않으리라 생각했던 것이다. 2장에서는 『물방앗간』을 여성문제를 성과 계급 등과 관련하여 생각하는 페미니즘 비평의 관점에서 분석해 보았다. 구체적으로 이 작품을 어린 시절 매기(Maggie)가 톰(Tom)과의 남매관계에서 겪는 갈등과 성장한 뒤 그녀가 스티븐(Stephen)을 거부하는 행위, 그리고 톰에게 돌아가 그와 화해하고 익사하는 결말부로 나누어 전반부와 후반부의 불일치 문제를 작가의 페미니즘 인식과 관련하여 분석해 보았다. 3장에서는 1997년에 영화화된 그레엄 틱스톤(Graham Theakton) 감독의 영화를 원작과 비교·분석하였다. 4장에서는 슬라보예 지젝(Slavoj Zizek)의 "이데올로기"와 "주체"라는 개념에 의거하여 매기의 선택을 분석해보았다. 구체적으로 대타자(the Other), 케보이(Che Vuoi), 히스테리적 주체, 이데올로기적 환상(ideological fantasy) 등의 개념을 사용하였다. 5장에서는 여성이 받는 억압을 20세기 프랑스의 저명한 사회학자인 피에르 부르디외(Pierre Bourdieu, 1930-2002)의 "상징폭력"(symbolic violence)이라는 관점에서 다시 조명해 보았다. 즉 매기에는 행사되는 상징폭력을 1) 가정과 2) 교육제도, 3) 일상생활에서의 집단적 공모로 나누어 차례로 분석하고, 홍수 속 매기의 익사로 끝나는 결말이 상징폭력에의 공모인지 저항인지에 대해서도 평가해보았다. 6장에서는 이 작품에 들어있는 많은 성경 이야기 중 "돌아온 탕자"(prodigal son) 이야기에 초점을 맞추어 다른 인간의 고통에 대한 연민(human sympathy)을 강조하는 엘리엇의 인본주의적 기독교관, 즉 "인류교"(religion of humanity)를 분석해 보았다.

요사이 교양 있는 삶에 대한 추구의 일환으로 인문학 강좌가 대세이다. 하지만 이 강좌들은 인문학의 위기를 근본적으로 극복한다기보다 인문학을 상품화하고 대중화하는 측면이 있는 것으로 보인다. 따라서 또 한 권의 책을 내면서 성취감이나 기쁨보다 착잡하다는 것이 솔직한 심정이다. 미국의 심리학자 에이브러햄 매슬로우(Abraham Maslow)는 인간의 욕구를 5단계로 구분한 바 있다. 매슬로우의 욕구단계설(Need Hierarchy

Theory)에 의하면, 인간의 욕구는 1. 인간의 가장 기본적인 '생리적 욕구'(Physiological Needs), 2. 생리적 욕구의 충족 뒤에 정신적·육체적 안전을 얻고 싶어 하는 '안전의 욕구'(Safety needs), 3. 소외감이나 고독을 극복하고 어떤 집단에 소속되고자 하는 '사회적 욕구'(Belongingness & Love Needs), 4. 타인으로부터 높은 평가와 존경을 받고자 하는 '존경 욕구'(Esteem Needs), 5. 욕구 단계의 최정상에 위치하려는 '자아실현 욕구'(Self Actualization Needs)로 나뉜다. 이는 개인이 지속적인 자기 발전과 창조적인 생활을 꾀하여 성취감과 자기만족을 얻으려는 욕구이다. 이 책이 5단계의 고상한 '자아실현 욕구'인지, 아니면 가뜩이나 오염된 지구에 또 다른 폐지를 만들어내며 지구를 오염시키는 것인지 걱정스럽고 씁쓸하다. 요즘 인문학계의 논문을 읽는 사람은 논문 심사위원 서너 명뿐이라는 자조적 농담이 그저 농담만으로 들리지 않는 현실에서는 더욱 그렇다.

하지만 "더 빨리, 빨리"를 외쳐대는 세상에서 인간 내면의 외침에 귀기울이며, 물질만능을 추구하는 현실에서 보다 가치 있고 의미 있는 삶을 사는 것이 어떤 것인지 참된 삶에 대해 진지하게 고민하는 소수의 인문학도에게 조금이나마 도움이 되기를 바라는 심정에서 다시 용기를 내어본다.

기왕에 발표된 논문들을 모았기 때문에 이 책에는 필연적으로 이전 출간된 저서 및 개개 논문 간에 중복되는 부분이 있다. 『물방앗간』에서 중요한 에피소드는 어떤 접근을 하더라도 인용되게 마련이었던 것이다. 기왕에 책으로 내는 김에 중복되는 부분은 뺄까 하는 생각을 안 해 본 바 아니나, 그렇게 되면 한 권의 책으로서는 통일성이 있겠지만 한 편의 논문으로서는 각각 완결성이 떨어질 것 같아 그 생각을 포기했다.

최근 영미문학계에서는 전반적으로 영문학 전반의 쇠퇴와 더불어 엘리엇 연구 또한 그리 활발하지 못한 것으로 보인다. 모쪼록 『물방앗간』이라는 한 작품에 대해 이렇게 다양한 접근이 가능하며, 이는 이 작품에 한정된 일이 아니라 동서고금의 모든 훌륭한 고전에 공통되는 현상임을 깨닫는 계기가 되길 바란다. 다시 말해 고전의 현재성과 다양성을 다시 한 번 느껴보는 계기가 되었으면 좋겠다는 것이다. 이는 노숙자들을 대상으로 <제인 에어>라는 영화를 강의한 적이 있었는데, 그들이 "돌보는 사람이 없을수록 자신을 돌보겠다."는 제인의 결단과 독립성에 대단히 감동하는 것을 보고 고전 작품은 오랜 세월 시대와 성별을 초월하여 각 계각층에게 다른 의미와 메시지를 전달한다는 평범한 사실을 깨달았던 개인적인 경험에서 비롯된 것이기도 하다. 이 다양한 논문들이 이런 고전의 현재성과 다양성을 보여주는 하나의 예시가 되기를 바란다.

이 책이 나오기까지 도와준 모든 분에게 감사한다. 늘 사랑과 지지, 후원을 보내주는 가족과 따뜻하고 온유하신 어머니, 그리고 논문을 쓰면서 고민할 때마다 음으로 양으로 격려하며 도와준 동학 조애리, 김진옥, 장정희 교수, 그리고 동인의 이성모 사장님과 박하얀 씨, 이 책의 교정 작업을 도와준 공상우 군에게 진심으로 감사의 마음을 전하는 바이다.

2011. 5.
한애경

차 례

1

작가와 작품 해설

1. 조지 엘리엇의 생애

어린 시절

조지 엘리엇(George Eliot, 1819-80)은 메리 앤 에반스(Mary Ann Evans, 이후에는 매리앤 에반스Marian Evans)의 남성 필명이다. 그녀는 1819년 11월 22일 영국 워릭셔(Warwickshire)의 아버리(Arbury)에서 태어났다. 아버지는 목수 교육 외에 정규교육을 거의 받지 못했지만, 대지주 뉴디게이트(Newdigate)가 소유한 아버리 홀(Arbury Hall)의 토지 관리인이 되었다. 그는 귀족의 토지를 관리해 주면서 자신의 토지를 얼마간 소유한 독립적인 농부이자 자작농(yeoman)으로서, 이후 『애덤 비드』(*Adam Bede*)에 등장하는 농부 애덤의 모델이 되었다. 그는 1801년에 해리엇 포인튼 (Harriet Poynton)과 결혼했지만, 결혼생활 8년 만에 아내가 죽자 4년 후인 1813년 크리스티나 피어슨(Christina Pearson)과 재혼했다. 매리앤은 이 재혼에서 태어난 세 자녀(Christiana, Isaac, Mary Ann) 중 막내였다. 매리앤과 오빠 아이작의 어린 시절 이야기는 『플로스강의 물방앗간』(*The Mill on the Floss*, 이하 『물방앗간』으로 약칭함)의 매기(Maggie)와 톰(Tom)의 남매관계에 잘 묘사되어 있다.

병약한 어머니 덕분에 매리앤은 5세부터 여러 기숙학교에서 당시로서는 상당한 교육을 받았다. 5세인 1824년에는 언니 크리스티나와 함께 애틀보로(Attleborough)의 기숙학교에 입학했으며, 매리앤은 8세 때 월터 스콧(Waler Scott)의 『웨이벌리』(*Waverley*, 1814)를 읽고 스콧의 세계에 깊이 빠져들었다.[1]

넌이튼

1828년에 두 자매는 넌이튼의 기숙학교에 입학했다. 매리앤은 1828년부터 1832년까지 이 기숙학교에서 열렬한 복음주의자였던 교장 마리아 루이스(Maria Lewis)의 영향으로 20세까지 독서나 연극 구경 같은 세상적 즐거움을 포기하고 종교적 헌신과 자기 절제에 몰두하게 된다. 이런 변화는 『물방앗간』의 5권에서 토마스 아 켐피스(Thomas à Kempis)의 『예수의 모방』(*The Imitation of Christ*)을 읽고 경건한 복음주의자(Evangelicalist)

---

1) 이 해설은 『플로스강의 물방앗간』(영미소설 해설 총서 8). 근대영미소설학회. 한애경. 서울: 신아사, 2010. 이 책의 pp. 9~36을 줄여 요약한 것이다.

로 변하는 매기의 변화에 그려진다. 하지만 이런 극단적인 경건함과 엄격함은 곧 끝나버린다. 1832년에는 코벤트리(Coventry)에 있는 프랭클린 양의 학교(Miss Franklin's school)로 전학하며 이 학교에서 음악과 미술, 영어와 불어, 역사와 수학을 배웠다. 한편 아버지는 여러 선생님을 집으로 불러 그녀가 광범위한 독서를 하게 해주었다.

엘리엇은 1835년 어머니의 병환 때문에 집에 돌아오게 된다. 1836년에 어머니가 돌아가시고 1837년에 결혼한 언니가 집을 떠나자, 매리앤은 약 10년간 돌아가신 어머니를 대신하여 집안을 보살피게 된다. 그녀는 독학 및 여러 가정교사의 도움으로 이태리어와 독어, 그리스어와 라틴어를 계속 공부하면서 놀라운 향학열을 보여준다.

코벤트리

1841년에 오빠가 결혼하자, 엘리엇은 아버지와 함께 당시 급진적 사상의 중심지였던 코벤트리 근처의 폴즈힐(Foleshill)로 이사를 하게 된다. 그런데 이 코벤트리에서 만난 친구들 때문에 그녀의 기독교 신앙이 흔들리게 된다. 엘리엇은 이곳에서 처음으로 찰스 브레이(Charles Bray, 1811-84)와 그의 아내 캐롤라인 등 브레이 집안(Bray family) 사람들을 알게 된다. 또한 그들의 친척이자 자유주의 사상을 지닌 헨넬 집안(the Hennells) 같은 코벤트리의 지성인과 사귀게 된다. 찰스 브레이의 집은 저명인사들이 모여드는 중심지였다. 그녀는 캐롤라인의 오빠 찰스 헨넬(Charls Hennell, 1809-50)의 저서인 『기독교의 기원에 관한 연구』(*An Inquiry into the Origins of Christianity*, 1838)를 읽기 시작했다. 이 책에서는 예수의 부활이란 상상일 뿐, 예수의 중요성은 그가 비범한 용기와 통찰력의 소유자라는 사실에 있다고 주장했다. 또한 예수가 하나님의 아들이라는 사도들의 신앙 덕분에 이전에 없던 고귀한 도덕적 비전을 얻게 되었다고 주장한다. 이런 헨넬의 이론 때문에 엘리엇은 기독교 신앙을 잃게 된다. 그녀는 결국 복음주의(Evangelicalism)를 버리고 보편적인 인간성(common humanity)에 입각한 비국교 교리를 택하게 된다.

교회출석 거부

1842년 1월 2일 일요일부터 그녀가 아버지와 함께 교회에 출석하기를 거부하자, 이에 격분한 아버지는 집을 나가라고 야단쳤다. 따라서 그녀는 3주간 오빠네 집에 피신하기도 했다. 5월 중순경 그녀는 오빠의 중재로 교회 출석을 약속함으로써 아버지와 일단 화해했지만, 이때부터 정통 기독교에 대한 신앙을 포기한다. 1844년 그녀는 몇 가지 성서학파를 이성적으로 점검한 데이비드 프리드리히 스트라우스(David Friedrich Strauss, 1808-74)의 독어판 『예수의 생애』(*The Life of Jesus*, 1846)를 영어로 번역하여 익명으로 『비평적으로 점검한 예수의 생애』(*The Life of Jesus, Critically Examined*)를 출판했다. 이 책의 출판으로, 그녀는 널리 지식인으로 인정받게 되었다. 이 책에서는 신약성서의 예수 신성이란 초기 기독교인들이 쓴 신화로 보는 것이 옳다고 결론내렸다. 그녀는 1849년에 아버지가 돌아가실 때까지 친구인 찰스 브레이가 편집하는 잡지에 기사와 서평을 기고했으며, 같은 해 스피노자(Spinoza)의 『신학적·정치적 소책자』(*Tractatus Theologico-Politicus*)를 번역하기 시작했다.

런던생활

그녀는 1849년 아버지가 돌아가시자, 한 동안 유럽을 여행한 뒤 1850년 런던으로 돌아온다. 그녀는 존 채프먼이 운영하던 『웨스트민스터 리뷰』(*Westminster Review*)라는 당시 영향력 있는 급진적 잡지의 부편집인으로서 (1852. 1-1854. 7) 많은 에세이를 발표했다. 이런 에세이에서 그녀는 당시 소설에 대한 서평뿐 아니라 이성주의, 철학의 역사, 지질학, 자연과학 등 빅토리아조 중기의 지적 관심사를 광범위하게 다루었다. 한편 허버트 스펜서(Herbert Spencer)와 존 스튜어트 밀(John Stuart Mill), 해리엇 마르티노(Harriet Martineau), 조지 헨리 루이스(George Henry Lewes, 1817-78) 등 당대 영국의 대표적인 지식인들과도 가까이 교류하였다.

1854년 7월 엘리엇은 포이얼바하(Ludwig Feuerbach, 1804-72)의 『기독교의 본질』(*The Essence of Christianity*)의 번역본을 매리앤 에반스(Marian Evans)라는 이름으로 출판했다. 포이얼바하는 기독교란 동료 인간과의 도덕적 관계를 표현하기 위해 인간이 만들어낸 상징적 허구라고 주장했다. 이런 포이얼바하의 무신론은 19세기의 부정적 무신론과는 다른 "종교적 무신론"으로서, 독단적인 종교에서 제외시킨 인간적·사회적·물질적 생활로 돌아가자는 일종의 휴머니즘이라 할 수 있다. 그녀는 이 책에 크게 감명을 받은 나머지, 종교를 좀 더 광범한 인간성이라는 영역 속에 포용하게 된다.

루이스와의 동거

1854년 7월 그녀는 급진적인 자유사상가인 조지 헨리 루이스(George Henry Lewes)와 동거하기 시작했는데, 이 동거는 런던 사회에 큰 물의를 일으키게 된다. 『리더』(*The Leader*)라는 잡지의 편집자, 소설가이자 비평가, 번역가, 저널리스트, 사상가, 배우였던 루이스는 이미 애그니스 저비스(Agnes Jerbis)와 결혼한 유부남이었지만, 아내와는 별거 중이었다. 다른 남자와 동거 중인 애그니스는 이름 뿐인 아내였지만, 이혼을 금지하는 당시 영국 법에 따라 그는 아내와 이혼할 수 없었다. 따라서 엘리엇과 루이스는 합법적으로 결혼할 수 없었다.

엘리엇은 루이스와의 동거 때문에 오빠인 아이작과 의절했지만, 동거를 시작한 1854년부터 루이스가 죽은 1878년까지 행복하게 살았다. 그녀는 또한 루이스의 전처 소생 자녀들을 물심양면으로 잘 돌봐주었다.

엘리엇은 1855년에서 1856년 사이에 "독일 생활의 자연사"(The Natural History of German Life), "여성 작가의 어리석은 소설"(Silly Novels by Lady Novelists) 등 역사와 문학에 관해 신랄한 글들을 썼다. 또한 "빌헬름 마이스터의 도덕성"(The Morality of Wilhelm Meister, July. 1855)이라는 에세이에서 엘리엇은 괴테가 권선징악을 거부한 것은 현실에 충실하기 때문이리면서 그기 도덕을 직접 언급하지 않은 점을 높이 평가했다.

2. 작품

작가로서의 엘리엇

엘리엇은 루이스의 격려에 힘입어 37세라는 늦은 나이에 소설을 쓰기 시작하였다. 처녀작인 중편 『목사생활의 단면들』(*Scenes of Clerical Life*)이 1857년에 처음으로 『블랙우드 매거진』(*Blackwood's Magazine*)에 출판되었다. 이 책에는 "에모스 바튼 목사의 슬픈 운명"(The Sad Fortunes of the Reverend Amos Barton)과 "길필 씨의 연애담"(Mr. Gilfil's Love-story), 그리고 "자넷의 참회"(Janet's Repentance)라는 세 가지 이야기가 수록되어 있다. 이때부터 그녀는 본명 대신 루이스의 세례명인 "조지"(George)와 "엘리엇"(Eliot)이라는 필명을 사용했다. 1859년에는 첫 장편 소설인 『애덤 비드』(*Adam Bede*, 1859)가 출판되었고, 『블랙우드 매거진』에 단편 "들춰진 베일"(The Lifted Veil)이 출판되었다. 1859년 11월에는 찰스 다윈(Charles Darwin, 1809-82)의 『종의 기원』(*The Origin of Species*)이 출판되었다. 1860년에 『플로스강의 물방앗간』(*The Mill on the Floss*)이 출판될 때까지, 극소수의 런던 지식인과 친구들만이 매리앤 에반스가 엘리엇일 거라 짐작했다. 1861년에는 『사일러스 마너』(*Silas Marner*)가 출판되었고, 15세기 플로렌스에 배경을 둔 『로몰라』(*Romola*)가 1863년에 출판되었다. 그녀는 『급진주의자, 필릭스 홀트』(*Felix Holt, the Radical*, 1866)라는 작품으로 다시 가까운 영국 시골의 과거로 돌아왔다. 이후 사회와 신념의 진화를 신봉하는 오거스트 콩트(Auguste Comte)의 실증주의 철학에 영향을 받은 시집 『스페인 집시』(*The Spanish Gypsy*, 1868)가 출판되었다.

1869년 이들 부부는 이태리를 여행하던 중 로마에서 존 월터 크로스 (John Walter Cross, 1840-1924)를 처음으로 만났으며, 이후 크로스와 친하게 지냈다. 1871년과 1872년 사이에 엘리엇 최대의 걸작으로 간주되는 『미들마치』(*Middlemarch*)가 출판되었다. 이로써 엘리엇은 당대 가장 위대한 영국작가가 되었으며, 마침내 상류사회에서도 받아들여졌다. 1874년에는 『주발의 전설과 다른 시들』(*The Legend of Jubal and Other Poems*)이라는 시집이 출판되었다. 이 시집에는 『플로스강의 물방앗간』에 묘사된 남매관계와 유사한 "남매"(Brother and Sister)라는 연작 소설이 들어있다. 또한 마지막 장편인 『대니얼 데론다』(*Daniel Deronda*, 1876)가 출판되었다. 1878년에는 도덕적·철학적 견해와 일화를 모아 수록한 『티오프라스터스 서치의 인상』(*Impressions of Theophrastus Such*)이 출판되었다. 이와 같이 엘리엇은 약 20년 동안 모두 여덟 편의 장편소설을 남겼다.

　엘리엇의 작품 활동은 1878년 루이스가 암으로 사망하자 끝나버리게 된다. 루이스는 엘리엇이 자기 불신과 고독 때문에 우울증에 빠지면 자신감을 회복하도록 격려해주던 존재였기 때문이다. 그의 죽음에 큰 충격을 받은 엘리엇은 그 슬픔에서 끝내 헤어나지 못했다. 그녀는 루이스의 장례식에도 참석하지 않았다. 다음해 2월 말에 가서야 존 크로스의 방문이 허락되었다. 엘리엇은 『미들마치』의 성공으로 수입이 증가하여 1873년에는 약 5,000파운드의 돈을 갖게 되었는데, 크로스가 이 재산을 관리하고 있었다. 엘리엇은 루이스가 전담해오던 재정 관리에 문제가 생기자, 크로스를 자주 불러 의논하게 되었다. 루이스를 잃은 엘리엇과 어머니를 잃은 크로스는 서로 슬픔을 나누다가 사랑하는 연인 사이로 발전하게 되었다. 1880년 5월 5일 엘리엇은 20년 연하인 크로스와 정식으로 결혼식을 올렸으며, 이 결혼은 다시 한 번 주변사람을 놀라게 만들었다. 어쨌거나 그녀는 이 결혼을 통해 30년간의 공백을 깨고 오빠 아이작과 화해하게 된다.

신혼 여행지인 이태리에서 돌아온 엘리엇과 크로스는 12월, 런던에 새 살림집을 마련했다. 그러나 엘리엇은 그해 12월 22일 목의 통증이 악화되어 세상을 떠나 12월 29일 런던 교외의 하이게이트(Highgate) 묘지에 루이스와 나란히 묻혔다. 이로써 영국 중부지방 출신의 지적이며 진보적인 작가 조지 엘리엇은 그 생을 마감하게 된다.

심리적 리얼리즘과 인간적 연민의 확대

엘리엇은 사실적인 소설 기법과 도덕적 감성, 탁월한 심리 묘사와 지적 상상력 등으로 영문학 사상 확고한 자리를 차지하고 있다. 20세기 후반에 이르면 『물방앗간』이 엘리엇의 원숙기 최대 걸작으로 꼽히는 『미들마치』보다 더 각광을 받게 된다. 그 이유는 동시대 다른 소설들과는 달리, 스토리 위주가 아니라 탁월한 심리 묘사로 주목받는 근대 리얼리즘의 소설 기법 때문이다.

따라서 엘리엇이 문학에 가장 기여한 바는 리얼리즘이라고 할 수 있다. 엘리엇은 만화 같은 찰스 디킨스(Charles Dickens)의 소설에서 벗어나 심리적 리얼리즘(psychological realism)을 통해 후일 미국 소설가 헨리 제임스(Henry James)의 후기작에 큰 영향을 미치게 된다. 또한 인간의 동기를 분석하는데 있어서는 제인 오스틴(Jane Austen)을 능가한다. 아울러 엘리엇은 문학과 예술의 궁극적 목적이 평범하고 비영웅적인 인물을 리얼리즘 수법으로 표현하여 인간에 대한 연민(human sympathy)을 확대하는 것이라고 생각했다. 가령 "독일 생활의 자연사"(The Natural History of German Life, July 1856)라는 에세이에서 그녀는 영국 시골을 그린 초기 소설의 문학적 모델이었던 월터 스콧(Sir Walter Scott)과 윌리엄 워즈워스(William Wordsworth)를 예로 들면서 예술이란 "우리 공감을 확대"하는 것이라고 주장했다. 이런 엘리엇의 문학적 신념은 사회 철학자 콩트 및 철학자이자 역사가인 포이얼바하가 주장한 "인본적인 종교"(religion of humanity)와 일맥상통한다.

작품의 역사적 배경

조지 엘리엇이 창작활동을 하던 시기는 영국 사회의 격변기였다. 영국 정치사에서 획기적인 혁명이라 할 수 있는 선거법 개정안(Reform Bill)이 1832년 의회에서 통과되었으며, "최대 다수의 최대 행복"(the greatest happiness of the greatest numbers)을 주장한 공리주의(Utilitarianism)와 복음주의(Evangelicalism) 운동, 프랑스의 오거스트 콩트(Auguste Comte, 1798-1857)가 주도한 실증주의(Positivism)에 기초한 휴머니즘 등이 이 시기에 도입되었다. 또한 1838-41년에 인민헌장(People's Charter)의 통과를 주장한 급진적 정치운동(Chartism), 1833-41년에 옥스퍼드 대학을 중심으로 일어난 가톨릭교도의 부흥운동인 옥스퍼드 운동(Oxford Movement), 기독교 사회주의(Christian Socialism) 운동 등도 이 시기에 일어났다. 찰스 다윈의 『종의 기원』과 『인간의 유전』(The Decent of Man and Selection in the

Relation to Sex, 1871) 등은 기존의 우주관과 인간관에 큰 충격을 주었다. 『물방앗간』을 마무리하는 동안 발표된 『종의 기원』은 엘리엇과 루이스가 익히 알고 있던 자연 법칙에 따른 점진적 발전론을 대변한다. 이런 연유로 『물방앗간』에는 항상 변하는 환경에 개인이 적응하기 마련이라는 진화론적 언급이 곳곳에 나온다.

엘리엇의 소설에는 모두 개인이 다른 사람이나 사회와 맺는 상호 관계에 지대한 관심이 표명되어 있다. 『물방앗간』은 여러 세대에 걸친 도슨가와 털리버가의 적응 단계 및 점진적인 사회 변화를 분석한 "자연사"라 할 수 있다. 다윈처럼 엘리엇도 "자연 도태"와 "생존 투쟁"에 대해 낙관적 태도를 보이지 않는다. 적자생존은 최고가 살아남는 게 아니기 때문에 우울한 법칙이다. 가령 『물방앗간』은 매기의 개인적 비극을 "앞으로 발전하려는 인간의 성향"이라는 전체 맥락 속에 위치시켜, 19세기 중반에 가장 중요했던 철학과 과학의 이론을 보여준다.

엘리엇은 소설에서 이와 같은 동요와 의심의 시대에 안정을 모색했다. 18세기에는 합리주의적 관점에서 인생을 해석했으나, 19세기 과학자들은 이 자연계뿐 아니라 인간과 자연의 관계, 인간과 인간의 관계에도 일정한 자연법칙이 지배한다는 콩트의 실증주의를 믿었다. 엘리엇도 자연계의 법칙이 인간 생활에도 그대로 적용되어 인간은 이 법칙을 조정하되 바꿀 수는 없다는 콩트의 이론을 믿었다. 사회개선주의자(Meliorist)라는 엘리엇의 개념도 "질서와 진보"(order and progress)라는 콩트의 슬로건에 영향을 받은 것이다. 따라서 엘리엇의 인물은 환경에 방해를 받지만, 스스로 결정하여 행동하기 때문에 그 결과에 대해 책임을

진다. 엘리엇의 모든 작품에는 등장인물의 운명이 과거 행위에 의해 결정된다는 인과응보(Nemesis)가 들어 있다.

3. 작품소개

　엘리엇은 자기가 글을 쓰는 목적이 인류의 도덕적 발전, 즉 인간 상호간의 신뢰와 공감을 중시하기 때문이라고 밝힌 바 있다. 그녀는 "예술이 인간의 공감을 확대하지 않는다면, 도덕적으로 아무 소용이 없다"면서 예술의 사회적·윤리적 사명을 강조하였다. 다시 말해 예술가의 역할이란 우리 경험을 확대시켜 동료 인간과 접촉하게 함으로써, 인간 사회에 공감대를 형성하는 것이라고 주장했다는 것이다. 이런 연유로 그녀는 『물방앗간』에서 성인으로 성장하는 어린이에게 느끼는 자연스런 연민을 통해 이런 목표를 달성하려 했다. 그녀는 워즈워스처럼 자신의 경험을 직접 묘사하여 과거를 추억하게 했다. 함께 낚시질하고 사소한 일로 싸우는가 하면 어른들이 금지한 구역에 들어가는 매기와 톰의 어린 시절은 그들만의 특별한 경험이기도 하지만, 동시에 모든 사람의 공통적인 경험이기도 하다. 또한 작가는 호감을 가질 수 없는 인물에게도 공감을 표명함으로써 연민의 확대라는 목표를 달성했다. 가령 도슨가와 털리버가의 두 집안을 묘사하면서 독자로 하여금 그들의 유머러스한 측면을 즐거이 바라보면서, 동시에 이 "밉살스러운" 도슨 집안의 이기심을 비난하게 만든다. 따라서 독자는 호감을 주는 인물이나 호감을 주지 못하는 인물에게 똑같이 연민을 갖게 된다.

이 소설은 엘리엇의 전기 작품에 속하며, 시골 생활을 묘사하던 초기작에서 스케일이 큰 『미들마치』같은 후기 소설로 나아가기 직전의 소설이다. 1858년 엘리엇은 『애덤 비드』를 출판한 뒤, 블랙우드로부터 새 소설을 써달라는 재촉을 받고 1859년 1월부터 새 소설을 쓰기 시작하여 1860년 3월 21일에 완성하였다. 루이스는 『애덤 비드』처럼 시골 생활을 그린 이 소설이 새롭고 유쾌한 자극적인 이야기(Haight, *Letters*, III, 41)라고 하였다.

제목의 플로스강은 사실적인 효과를 내기 위해 만들어낸, 실제 지도에는 존재하지 않는 강이다. 끊임없이 흐르는 이 플로스강은 주로 예측할 수 없는 매기의 감정이나 운명을 나타낸다.

엘리엇은 어린 시절 느끼던 두려움과 소원을 생생히 묘사한 덕분에 『타임』지의 E. S. 댈러스(Dallas)나 『스펙테이터』 비평가에게 칭찬을 받았다. 가령 모든 영국 소설의 유년시절 묘사 중에서 가장 진실하고 감동적이라는 헨리 제임스(Henry James)의 찬사가 그 대표적인 예다.

이 소설은 판매부수에 있어 『애덤 비드』에는 못 미쳤지만 출판한지 4일 만에 4000부 이상이 팔리는 등 매우 빠른 속도로 팔렸다. 이 작품은 엘리엇의 최대 걸작인 『미들마치』보다 완성도가 떨어지며 처녀작인 『애덤 비드』보다 참신하지 못하지만, 그녀의 첫 번째 위대한 소설로서 자전적인 사실과 아이러니컬한 유머, 재미있는 플롯, 비극적인 결말 등이 특이하게 어우러진 작품으로 주목을 받았다. 정확하게 일치하는 것은 아니지만, 이 소설에는 엘리엇의 자전적 요소가 많이 들어있다. 가령 두 사람의 성격이 비슷하지만, 매기보다 작가가 더 지적이며 예민하다는 게 다른 점이라고 하겠다. 특히 매기의 초기 종교적 관점과 아빠에 대한 각별한 애정, 그리고 톰과 친오빠 아이작의 유사성은 매우 자전적인 요소라 할 수 있다.

틸리버(Tulliver) 집안을 중심으로 친척과 이웃, 친구들의 생활 양상이 주변 자연 환경을 배경으로 펼쳐진다. 전통적인 관습과 인습에 따라 편협하고 안이하게 사는 사람들과 변화에 발빠르게 대처하는 사람들이 충돌하면 필연적으로 비극을 낳게 된다는 주제가 전개된다. 작가도 스스로 이 소설의 목표가 "더 고상한 문화를 지닌 젊은 세대가 구식 세대와 충돌할 때 어디서나 일어날 수 있는 갈등을 보여주려는 것"이라고 밝힌 바 있다.

이 소설에서 가장 핵심적인 문제는 1) 앞부분(1권~5권)과 뒷부분(6, 7권)의 일관성 없는 구조와 2) 임의로 마무리한 결말, 그리고 3) 매기의 스티븐 거부라고 하겠다. 대체로 독자와 평자들은 이 소설의 전반부 2/3에 대해서는 열광하지만, 매기가 필립과 스티븐 사이에서 방황하다가 홍수 속에서 오빠 톰과 화해하고 죽는 마지막 부분에 대해서는 불만이 많다. 이 작품의 결말이 제기하는 문제는 1) 전체적으로 소설의 구조와 균형, 2) 결말의 도덕성과 개연성(probability), 3) 비극적 결말의 비현실성이라는 세 가지 문제로 압축된다.

페미니즘

엘리엇은 여권주의자로서 활발한 활동을 하지는 않았으나, 여권운동에 깊은 관심을 갖고 있었다. 당대 유명한 여권 운동가인 해리엇 마티노(Harriet Martineau)가 "시범 소주택"을 건축하는 현장을 방문해 격려하기도 했고, 1856년에는 기혼 여성의 수입에 대한 법적 권리를 요구하는 탄원서에 서명하기도 했다. 1867년에는 여자 대학을 설립 중인 에밀리 데이비스(Emliy Davies)를 자기 집에 초대하기도 했다. 그녀는 여성교육을 통해 여성의 자기계발을 고무하고자 여성의 고등 교육기관인 거튼 대학(Girton College)에 100파운드를 기부하고 바바라 보디촌(Barbara Bodichon)을 비롯한 베시 레이너-팍스(Bessie Rayner-Parkes), 콘월리스 부인(Mrs. Cornwallis) 등 당대의 유명한 여권 운동가들과 친밀한 관계를 유지했다. 이런 몇 가지 전기적 사실은 1850년대에서 1870년대에 걸친 여권운동에 대한 그녀의 관심을 입증한다. 그러나 다른 한편으로 그녀는 당대 여성에게 주어진 한계를 자상히 그리면서도 그 한계를 쉽게 극복하는 인물을 제시하지 않음으로써 여성 문제에 대해 애매한 입장을 취하고 있다. 이런 애매한 입장은 루이스와 동거했던 그녀만의 특별한 사회적 입장과 관련하여 생각해 보아야 할 것이다.

1980년대 이후 페미니즘 비평에서는 조지 엘리엇의 최대 걸작이라 평가되는 『미들마치』(*Milddlemarch*, 1871-72)보다 『플로스강의 물방앗간』(*The Mill on the Floss*, 1860)에 더 주목하여 이 작품의 여주인공인 매기 털리버(Maggie Tulliver)가 여성의 성취를 허용하지 않는 사회에 대해 느끼는 격렬한 분노를 높이 평가했다. 이 작품의 주제가 "편협하고 압제적인 사회에 사는 영리한 젊은 여성의 이루어지지 않은 동경"(Showalter 125)에 대한 공감적 이해라는 지적이 그 단적인 예다. 이런 페미니즘 비평에서는 19세기 당시 이상적 여성을 요구하는 성 이데올로기에 저항하던 매기가 결국 이 성이데올로기에 희생되었는지, 아니면 계속 도전하는 것인지에 대해 아직도 의견이 분분하다.

엘리엇의 작품은 대부분 바바라 하디(Barbara Hardy)의 지적처럼, 『사일러스 마너』만 제외하고 여주인공 중심의 소설로서 페미니즘의 관점에서 쓰였다고 할 수 있다. 결혼이 여성의 행복과 불행을 평가하는 유일한 기준이 되는 사회에서 지적인 여주인공들은 자신의 이상실현을 억압하는 사회에 저항한다. 그러나 여성의 이상은 사회구조와 충돌하므로, 기존의 가부장제를 타도하기보다 그 제도 속에서 의미 있는 자신의 자리를 만들어 이상을 실현하려 한다. 즉 가부장적 사회에서 매기는 이상의 실현을 추구하나 성취하지 못한다는 것이다. 사회의 남성 중심적 권력 구조 때문에 권력의 문화적 매개인과 여성의 도덕적 요구는 상충하는데, 이 충돌 과정에서 여성들은 도덕적 힘을 깨닫고 내면적으로 변화한다는 것이다.

매기는 충동적이고 열정적이며 모든 것에 호기심이 강하고 아름다움과 지식 등을 동경하지만, 이런 동경은 가정과 사회에서 끊임없이 좌절된다. 따라서 매기의 "사랑받고 싶은 욕구"와 "마음의 갈증"은 그녀가 여성이기 때문에 더욱 문제가 된다.

이 작품은 이렇게 지성과 감성이 풍부하며 높은 이상을 동경하는 매기가 가족과 사회에 반항하는 이야기다. 높은 이상을 추구하는 매기의 동경은 주변 환경에 억압된 나머지, 이상한 행동으로 분출된다. 매기는 아끼는 인형에 못을 박거나 인형을 벽에 부딪치며, 루시를 진흙 구덩이에 밀어 넘어지게 하며, 집시 마을로 가출하기도 한다. 여성에게 적대적인 환경에서 고군분투하던 매기는 자기부정만이 고통에서 해방되는 길이라는 결론에 도달한다. 또한 예민한 감수성과 지성, 그리고 예술 감각을 지닌 필립 웨이컴(Philip Wakem)과의 사랑에서 자신의 이상을 실현하려 하지만, 오빠인 톰에게 제지당한다. 이후 루시의 비공식적 약혼자인 스티븐 게스트(Stephen Guest)에게 끌리지만, 그의 청혼을 거절한다. 19세기 독자들은 스티븐과의 사건 후 매기가 죽자 안도감을 느꼈겠지만, 현대 독자들은 매기와 스티븐의 도피에 내포된 도덕적 문제에 그리 신경을 쓰지 않는다.

여성의 능력보다 가문을 중시하는 사회에서 매기는 자기 이상을 실현하기 위해 순종적 여성을 원하는 사회의 요구를 거부하지만, 아버지가 파산하고 병들자 매기는 이런 열정적인 반항을 포기한다. 매기가 겪는 이런 곤경은 현대 독자들, 특히 여성 독자들에게 매우 인상적이었다. 과거에는 주로 매기와 톰의 어린 시절에 대한 생생한 묘사 때문에 주목을 받았지만, 1980년대에 이르면 어린 매기가 이렇다할만한 교육을 받지 못하고 그녀의 재능이나 포부에 걸맞는 직업에서 배제되는 등 매기의 남다른 성취욕이 세인트 오그스 사회에서 좌절되는 과정이나 그녀의 격렬한 분노 때문에 페미니즘 비평에서 높이 평가되었다.

다윈의 진화론과의 관계

엘리엇이 1859년 1월에 이 소설을 시작해 1859년 11월에 거의 끝낼 무렵, 다윈의『종의 기원』이 출판되었다. 엘리엇은 이미 자연과학의 논의를 잘 알고 있었으므로, 다윈이 엘리엇에게 영향을 미쳤다고 말할 수는 없다.

어쨌거나 이 소설에서는 다윈의 진화론이 종종 언급된다. 이런 진화론의 언어는 그리스 비극과도 관련된다. 엘리엇의 인간관에서는 성격만이 아니라 자연 환경과 사회 환경도 인간 존재를 결정한다. 가령 파산한 털리버의 운명이 개선되려는 순간에 그는 도덕적·육체적으로 몰락하는데, 이는 그리스 비극의 아이러니와 매우 유사하다. 톰의 노력으로 웨이컴에게 진 빚을 갚게 된 날, 만나자마자 웨이컴을 때려눕힌 털리버는 그 여파로 쓰러진다. 이와 같이 털리버는 성급하고 어리석은 성격 탓에 파산하지만, 작가는 "그의 의지가 약해서가 아니라, 외부 사실이 더 강한" 것으로 그린다. 이처럼 작가는 털리버가 자신의 몰락에 일부 책임만 있는 것으로 변호한다. 다시 말해 그리스 비극에서는 개인의 결함 때문에 비극이 초래되지만, 털리버의 경우에는 그의 성격과 환경이 결합하여 비극을 초래했다는 것이다.

엘리엇은 얼핏 결정주의적 세계관을 가진 것처럼 보이지만, 결정주의적 세계관에서는 도덕적 선택의 여지가 없다. 인간이 자연법칙을 따르지만, 자기 선택의 결과가 무엇인지 알기 위해 노력해야 한다는 점에서 엘리엇의 세계관은 결정주의적 세계관과 다르다고 하겠다.

엘리엇의 결정론적 세계관에서는 하나의 크고 복잡한 우주에서 모든 부분이 상호 연관되어 과거와 미래가 현재 속에 포함되어 있다. 그러므로 인간은 자신이 성장한 사회와 친구, 친척, 과거와의 유대를 끊을 수 없다. 이 소설에서 남편과 아내, 남매, 물방앗간 주인과 변호사는 의도하지는 않았지만 서로 좌절시키며, 몇몇 인물은 생존투쟁에서 살아남지 못한다. 이를 통해 인생이 비극이라는 작가의 비극적인 세계관이 암시된다.

이 작품은 엘리엇의 작품 중에서 유일한 비극이지만 무엇이 비극인지, 비극의 주인공이 누구인지는 분명치 않다. 매기가 여주인공이라는 사실은 분명하지만, 스티븐과 톰 중에서 누가 비극의 남자 주인공인지에 대해서는 이견이 있다. 스티븐과의 갈등 때문에 도덕적 위기가 빚어지지만, 매기는 스티븐 대신 톰과 함께 죽기 때문이다. 그러므로 이 소설에는 주요 플롯과 이차 플롯이 있다. 이차 플롯에서 매기는 스티븐과 결혼해 마을 사람들에게 인정을 받는다 해도 자신의 이전 의무를 저버릴 수 없으므로, 결국 도덕적 고통보다 사랑을 잃는 쪽을 택한다.

연민의 중요성

이 소설에서는 연민을 통한 다른 사람과의 공감이 강조된다. 세인트 오그스 전설에서 아무 것도 묻지 않고 아기를 안은 여인에게 연민을 베푼 뱃사공은 후하게 보상받는다. 결말의 홍수 장면에서 매기는 톰에게 깊은 연민을 보이기 때문에 옹호된다.

이런 연민의 반대는 이기주의다. 톰은 매기에게 공감하지 않고, 급부상하는 이기적인 기업가 윤리를 따른다. 스티븐도 매기를 사랑하긴 하지만, 타인보다 자신의 필요를 앞세운다. 후반부에서 매기와 필립, 루시는 서로 배려하고 생각해주는데, 이런 상호 연민이야말로 이 작품의 비극을 뛰어넘는 도덕적 승리라 할 것이다.

4. 전체 스토리

이 소설은 19세기 초반 영국의 세인트 오그스(St. Ogg's)라는 작은 마을에서 돌코트 물방앗간(Dolcote Mill)을 운영하는 털리버(Tulliver) 가족을 중심으로 전개된다. 매기 털리버는 이 물방앗간 주인인 털리버의 막내딸로서, 유난히 검은 피부와 충동적인 성격과 영리함 때문에 엄마의 걱정거리다. 매기 아버지는 가끔 매기의 편을 들지만, 그녀는 누구보다 오빠인 톰에게 감정적으로 의존한다. 매기의 최대 관심사는 톰의 애정을 받는 것이기 때문에, 오빠의 비난은 그녀에게 가장 절망적인 일이다.

털리버 씨는 아들이 자기보다 출세하기를 원하기 때문에 지금 다니는 학교에서 다른 학교로 옮기려고 라일리씨의 충고를 구한다. 라일리는 사실 교육에 관해 아무 것도 모르지만, 사업상 아는 사람의 사위인 스털링 목사를 톰의 가정교사로 추천한다.

매기는 톰의 귀환을 목 빠지게 기다린다. 톰은 그녀에게 줄 선물을 갖고 도착하지만, 자기가 없는 동안 돌봐주라고 신신당부한 토끼들이 매기의 태만 때문에 죽은 것을 알자 매기를 비난한다. 상심한 매기는

다락에 숨지만, 아버지의 강요로 톰은 매기를 데려온다.

톰의 교육문제를 의논하기 위해 글레그와 딘, 풀리트 부부 등 이모 내외가 털리버의 집에 오지만, 털리버는 이미 마음을 정한 상태다. 물방앗간 운영에 필요한 교육 이상으로 톰을 교육시키려는 털리버 때문에, 털리버 씨와 처형인 도슨 집안 간에 분쟁이 일어난다. 털리버는 글레그 부인을 주축으로 도슨가의 반대에 부딪치자, 그녀의 영향력을 약화시키고자 처형인 글레그 부인에게 꿨던 500 파운드의 돈을 갚기로 한다. 이 돈을 갚기 위해 여동생인 모스 부부에게 꿔주었던 300 파운드의 돈을 받으러 갔다가, 가난한 여동생의 모습에 마음이 약해진 그는 결국 그 돈을 받지 않기로 한다.

한편 딘 부인과 털리버 부인은 톰과 매기, 그리고 사촌인 루시를 데리고 풀리트 씨 집을 방문한다. 톰은 자기에게 과일주를 쏟은 매기에게 화가 나서 루시만 데리고 연못으로 간다. 매기는 루시를 진흙탕에 밀쳐 간접적으로 오빠에게 복수한다. 톰이 매기가 루시에게 저지른 일을 일렀을 즈음, 매기는 집시 여왕이 되려고 집시 마을로 도망간다. 그녀는 몇몇 집시를 만나지만 자신의 예상과 다른 모습에 실망하며 집에 돌아오기까지 두려움과 공포에 떤다.

글레그 부부는 털리버에게 돈을 돌려받을지 말지 생각 중이다. 그 돈을 그대로 빌려주기로 마음먹은 글레그 부인 덕분에, 털리버 부인의 부탁으로 중재에 나선 풀리트 부인은 자신이 나설 필요가 없음을 알게 된다. 그러나 풀리트 부인이 자기를 위해 글레그 부인에게 중재하러 갔다는 부인의 말에 화가 난 털리버는 곧 돈을 갚겠노라고 글레그 부인에게 편지를 쓴다. 이 빚을 갚기 위해 그는 할 수 없이 웨이컴의 고객에게 500 파운드의 돈을 빌리게 된다.

톰은 스털링(Mr. Sterling) 목사의 유일한 학생임이 밝혀진다. 그는 라틴어 문법과 기하 등 원하지도, 이해할 수도 없는 교육을 받는다. 크리스마스에 집에 돌아온 톰은 아버지가 웨이컴의 고객이자 새로운 이웃인 피바트와의 용수권 분쟁 때문에 법적 소송을 벌리려 하며, 휴가가 끝나면 필립 웨이컴이 그의 학교에 올 것임을 알게 된다. 학교에 돌아온 그는 필립이 자신의 불구에 대해 지나치게 예민한 절름발이이자 곱사등이라고 생각한다. 그러나 그는 필립이 그려주는 그림과 전쟁 영웅 이야기를 좋아한다. 그 학기에 매기가 오빠 학교를 몇 번 방문해, 스털링 씨의 다른 학생이자 아버지의 적인 웨이컴 변호사의 아들인 필립과도 친하게 지낸다. 톰이 다리를 다치자 며칠 더 머물게 된 매기 덕분에 톰과 필립은 잠시 친해진다. 그러나 매기가 떠나자, 둘은 다시 서먹한 관계가 된다.

한편 사촌인 루시와 함께 퍼니스 양의 학교에 보내졌던 매기는 열세 살이 되던 2년 뒤 아버지가 웨이컴 변호사와 벌인 플로스강의 용수권 소송에 지자, 집으로 돌아온다. 매기는 아버지가 피바트와의 소송에 져서 파산하고 병들었다는 소식을 전하고 톰을 집으로 데려간다. 털리버는 그의 재산에 대한 저당권이 웨이컴에게 넘어갔음을 알자, 그 충격으로 혼수상태에 빠진다. 부인이 아끼던 살림을 포함해 그의 전 재산이 경매로 팔린다. 친척들은 털리버 집안에 필요한 몇 가지 살림을 사준다. 딘의 회사에서는 물방앗간을 구입해 털리버가 계속 운영하게 할 계획을 추진 중이었다. 털리버 부인은 이 계획을 확실히 해두려고 웨이컴을 찾아간다. 부인의 말에 힌트를 얻은 웨이컴은 물방앗간이 경매에 나오자 이 물방앗간을 구입해 털리버로 하여금 자기 밑에서 일하게 한다. 톰은 딘 이모부에게 부탁해 게스트 회사에 일자리를 얻는다. 털리버는 톰으로 하여금, 집안 대대로 내려오는 성경에 손을 얹고 웨이컴에게 복수할 것을 맹세하게 한다.

털리버가 회복된 뒤에도, 집안 분위기는 우울하다. 매기는 집안이 파산한 뒤, 집안일과 바느질을 하게 된다. 어느 날 톰의 어린 시절 친구로서 이제는 보부상이 된 밥 제이킨(Bob Jakin)이 찾아와 매기에게 책을 선물한다. 그 중에서도 토마스 아 켐피스(Thomas à Kempis)의 『그리스도의 모방』(*The Imitation of Christ*)은 그녀가 여러 달 동안 세상 즐거움을 포기하고 자기부정을 생활화하게 만든다. 어느 날 매기는 집 주위 숲 속을 산책하던 중 우연히 필립을 만난다. 필립은 욕망을 포기하지 말고 순교자 같은 생활을 그만 두라고 매기를 설득하면서 자기를 친구이자 교사처럼 생각하라고 말한다.

매기가 내면의 갈등을 겪는 동안, 톰은 사업 중이다. 그는 아버지 빚을 갚으려고 돈을 저축하고, 밥의 도움으로 자기 돈을 투자한다. 그가 빚을 청산할 만큼 돈을 모았을 때, 매기가 필립과 남몰래 일 년간이나 만났으며 서로 사랑을 맹세했음을 알게 된다. 그는 필립을 비난하면서 동시에 아버지에게 알리겠다고 협박해 매기로 하여금 필립과 강제로 헤어지게 만든다.

톰은 밥 제이킨과 동업하여 아버지 빚을 갚을 돈을 모아 온 가족을 기쁘게 한다. 공식적으로 빚을 청산하고 집으로 돌아오는 도중 물방앗간에서 웨이컴을 만난 털리버는 그를 공격하다가 말에서 떨어져 그 여파로 이튿날 세상을 떠난다.

몇 년 뒤 이제 키가 큰 매력적인 여성으로 성장한 매기는 다른 마을에서 교사로 재직하다가 사촌 루시네 살림을 해주는 어머니를 방문하러 세인트 오그스 읍에 돌아온다. 루시에게는 스티븐 게스트(Stephen Guest)라는 부유한 미남 구혼자가 있다. 루시가 스티븐의 친구인 필립을 집으로 초대했기 때문에, 매기가 필립을 만나려면 톰의 허락을 받아야 한다. 톰은 매기의 간청에 마지못해 필립과의 만남을 허락해준다. 필립과 우정을 재개한 매기는 아버지만 허락해주면 그와 결혼할 생각이다.

한편 톰은 게스트 회사에서 일을 잘 해서 칭찬받자, 그 회사에서 물방앗간을 구입해 자기가 운영하게 해 달라고 제안한다. 돌코트 물방앗간을 되찾고 싶어 하는 톰의 소원을 알게 된 루시는 필립에게 아버지를 설득해 물방앗간을 게스트 회사에 팔아 매기와의 결혼을 허락받으라고 알려준다. 필립은 아버지에게 게스트 회사에 물방앗간을 팔라고 부탁하면서 자신이 매기를 사랑하고 있다고 말한다. 결국 웨이컴은 물방앗간을 게스트 회사에 팔고 매기와의 결혼을 허락함으로써, 아들의 두 가지 부탁을 다 들어준다.

한편 스티븐과 매기는 서로 이끌리지만, 이 이끌림에 넘어가지 않으려고 무진장 애쓴다. 필립은 이런 이끌림을 재빨리 눈치 채지만, 믿고 싶지 않다. 한편 이런 관계를 전혀 눈치 채지 못한 루시는 필립과 매기를 다시 맺어주려 애쓴다. 루시는 필립의 중재로 톰이 물방앗간을 되찾으면 너무나 기뻐서 매기와 필립의 결혼을 허락해줄 거라 믿고 있지만, 톰에게는 절대로 이 결혼을 허락해줄 생각이 없다.

스티븐이 무도회에서 무의식중에 매기의 팔에 키스하자, 매기는 몹시 화를 내고 고모 집으로 떠난다. 그녀는 이제 두 사람의 관계가 끝났다고 생각하지만, 스티븐은 고모 집까지 찾아와 매기에게 용서를 구한다. 그들은 서로에 대한 사랑을 확인하지만, 루시와 필립을 생각해서 헤어지기로 한다. 매기는 곧 세인트 오그스를 떠나 다른 곳에서 가정교사 자리를 얻을 것이므로, 스티븐에 대한 사랑을 무시하려 한다. 어느 날 보트를 저어주기로 했던 필립은 스티븐에 대한 질투로 밤새 잠을 못 이룬 나머지 스티븐을 대신 보낸다. 루시는 필립과 매기가 단 둘이 시간을 갖도록 강 아래 읍내로 먼저 가버렸기 때문에, 매기는 스티븐과 단둘이 보트를 타게 된다. 스티븐은 루시와 만나기로 했던 장소를 지나쳐 해지기 전에 집에 돌아갈 수 없게 된다. 상황이 이렇게 되자, 스티븐은 매기에게 멀리 다른 나라로 도망가서 결혼하자고 설득한다. 날씨가 변해 그들은 강 아래 내려오며, 스티븐과 머드포트(Mudport)로 가는 큰 배를 타자 안심한 매기는 배 갑판에서 잠이 든다. 머드포트에 도착하고 나서야 자신의 상황을 정확히 파악한 매기는 스티븐과 헤어져 세인트 오그스 읍을 향해 출발한다.

마을을 떠난 지 5일 만에 세인트 오그스 읍에 돌아온 매기는 타락한 여자 취급을 받는다. 이제 웨이컴의 돌코트 물방앗간을 되찾은 톰이 매기를 자기 집에 받아들이길 거부하자, 매기는 어머니와 함께 밥 제이킨의 집으로 간다. 매기는 켄 목사 집의 가정교사 자리를 구하지만, 켄 목사가 매기와 결혼하려 한다는 소문 때문에 그 집의 가정교사도 할 수 없다. 매기에게 아무 죄가 없다는 스티븐의 편지가 공개되지만, 밥의 가족과 켄(Dr. Kenn) 목사 외에 아무도 이 편지를 믿지 않는다. 이 사건으로 충격을 받았던 루시는 건강을 회복하자, 몰래 매기를 방문해 모든 일을 용서한다고 말한다. 필립도 매기를 용서했으며 여전히 신뢰한다는 편지를 보내온다.

매기는 자신의 고통을 하소연하며 다시 결혼하자는 스티븐의 편지를 받고 그의 청혼을 받아들이고 싶은 유혹을 느끼지만, 다른 사람이 겪을 고통을 생각하고 마을을 떠나기로 결심한다. 그러나 너무 힘들고 지친 나머지, 이 시련을 견딜 수 있게 도와 달라고 울면서 기도한다. 바로 이 때, 홍수로 범람한 플로스강이 밥의 집으로 들어온다. 매기는 밥의 가족을 깨우고 사력을 다해 강 아래 돌코트 물방앗간으로 노를 저어 집에 갇혀 있던 톰을 구하고, 다시 루시를 구하러 간다. 그들이 루시의 집에 도착하기도 전에 보트가 강에 떠다니던 쓰레기 조각에 부딪쳐 전복되고 만다. 매기와 톰은 서로 팔을 꼭 잡은 채 익사한다. 그 후 몇 년의 세월이 흐른 뒤에도 필립과 스티븐, 루시는 톰과 매기의 무덤을 여전히 방문하고 있다.

2

『플로스강의 물방앗간』
―여성론적 논의와 관련하여

1

이 논문에서 분석하려는『플로스강의 물방앗간』(*The Mill on the Floss*)
은 1860년에 출판된 작품으로서 평자들의 통상적인 구분상 엘리엇의
전기작에 속한다. 이 작품에서 가장 중요한 문제는 1권에서 5권까지의
앞부분과 6, 7권의 뒷부분이 서로 일관된 균형을 이루지 못한다는 점이
다. 많은 평자들은 톰(Tom)과 매기(Maggie)라는 두 남매가 성장하는 과
정과 매기의 성격을 드러내는 사건들, 그리고 도슨(Dodson)가와 털리버
(Tulliver)가의 생활을 묘사하는 1권에서 5권까지의 앞부분에 대해서는
칭찬을 아끼지 않지만, 매기와 스티븐 게스트(Stephen Guest)의 관계 및

남매의 비극적 결말을 그린 6, 7권의 뒷부분에 대해서는 서로 엇갈린 견해를 보이고 있다. 작가 자신도 "서사시적인 넓이"를 보여주는 앞부분에 비해 뒷부분은 상대적으로 짧고 빠르게 진행되었음을 인정할 정도로,[1] 앞부분과 뒷부분은 적절한 균형을 이루지 못하고 있다. 이 장에서는 이런 불일치가 단지 작품의 구조적 문제일 뿐 아니라 빅토리아조 전반의 사회 현실에 대한 작가의 여성론적 인식과 관련된다고 보고 올바른 여성론적 관점이 작품의 객관적 형상화에도 영향을 준다는 가정 하에 빅토리아조 사회현실과 그 사회의 성이데올로기와 관련하여 여성문제를 파악하는 여성론의 관점에서 이 작품을 분석해 보고자 한다. 아울러 작가가 이 작품의 결말을 처리한 방식을 살펴보는 것은 작가의 여성문제 인식 정도를 점검할 좋은 기회로 보이는 바, 매기가 톰과 화해하고 곧 익사하는 것으로 처리됨으로써 다소 환상적 측면을 갖고 있는 이 작품의 결말이 여성론적 입장에서는 어떻게 해석될 수 있는지 생각해 보기로 한다.

이 작품은 화자가 돌코트 물방앗간(Dorlcote Mill)의 의자에 앉아 약 30년 전의 과거인 1829년을 회상하는 형식으로 서술된다. 워릭셔(Warwickshire) 지방의 플로스강가에 위치한 물방앗간을 중심으로 전개되는 이 작품의 공간적 배경인 세인트 오그스(St. Ogg's) 사회는 어떠한 곳인가? 이곳은 인근지역에서 상업중심지 역할을 하고 있는 오래된 소읍으로서, 가부장적인 전통 사회에서 아직 본격적인 산업화는 이루어지지 않았지만 산업자본주의 사회로 이행 중인 마을이라고 할 수 있다.

---

1) Gordon Haight ed., *Selections of George Eliot's Letters*, p. 248; *Letters*, III, pp. 317-18, 374.

세인트 오그스라는 마을의 이름이 유래하게 된 뱃사공 오그(Ogg)에 관한 전설(아이를 안고 있는 여자의 간청대로 강을 건네주어 성모 마리아의 축복을 받고 수호성인이 되었다는)이 암시하듯 과거의 세인트 오그스 사회는 인간에 대한 따스한 인정이 살아있던 곳이지만, 지금은 산업사회로 변화하면서 이전의 인정을 상실한 메마른 곳이다.

> 세인트 오그스의 정신은 과거와 미래를 널리 내다보지 못했다. 이 정신은 과거나 미래를 생각지 않고 기나긴 과거를 물려받았으며, **거리를 걸어다니는 혼령을 알아볼 눈을 지니지 못했다.**[2] (인용자의 강조)

많은 "세습적인 관습"(362)과 편견에 좌우되는 이 사회는 과거의 전통과 점차 우세해진 새로운 산업자본주의의 실질적인 가치가 함께 숨쉬는 사회라 할 수 있다.

작가는 이 사회에 대해 어떤 느낌을 갖고 있을까? 플로스강 주변 풍경은 복고적인 느낌을 자아내도록 묘사된다. 이 작품의 4권 1장에서 "시 같은 느낌"(362)을 주는 이제는 폐허가 된 라인(Rhine)강가의 성들과 인간의 삶이 "편협하고 추하며 비굴한 존재"(362)임을 느끼게 하는 론(Rhone)강변의 마을 모습이 대조된 뒤, 성들이 존재하던 과거는 낭만적인 "로맨스 시대"(361)로 회상된다. 이런 묘사에서 공동체적 유대가 어

---

2) George Eliot, *The Mill on the Floss* (Harmondsworth: Penguin Books, 1979), p. 184. 앞으로 나오는 본문의 인용은 면수만 표기하기로 하며, 앞으로 인용되는 이 작품의 제목도 『물방앗간』으로 약칭하기로 한다.

느 정도 가능했던 과거의 세인트 오그스 사회에 대해 향수를 느끼는 작가의 과거지향적 시선을 가늠해 볼 수 있다. 작가는 또한 이 플로스강가의 도슨가와 털리버가의 생활을 지켜볼 때 독자와 더불어 "숨 막힐 듯 편협하다는 느낌"(363)을 공유하게 된다고 언급한다. 왜냐하면 그들의 생활은 "숭고한 원칙과 낭만적 비전, 적극적인 극기의 신념"(362)으로도 밝혀지지 않았기 때문이다. 작가에게 이런 답답한 느낌을 주는 "개미 같은"(363) 도슨가와 털리버가의 특성을 좀 더 구체적으로 살펴보면, 먼저 도슨가의 종교는 "관습적이고 신분이 높은 것이라면 무엇이나 존중하는 것"(364)이라 언급됨으로써, 편협하고 관습적인 이 집안의 정신적 한계가 드러난다. 그러나 가문의 명예를 "철저한 성실과 철저하게 일하는 것, 그리고 인가된 규율에 충실한 것"(364)과 동일하게 여기는 도슨가의 자부심은 몇 가지 점에서 건전한 자부심으로 인정되며, 버터와 밀죽을 잘 만들고 그걸 잘못 만든다면 망신스럽게 여기는 도슨가 여성들이 지닌 실질적인 미덕 또한 공정하게 제시된다. 반면에 털리버가는 너그럽고 따뜻한 애정을 지니고 있지만, 성급하고 신중하지 못한 "다혈질적인 혈통"(365)을 지니고 있다. 그런데 편협하지만 실질적인 미덕을 지닌 도슨가의 사람들이 대체로 세인트 오그스 사회에 잘 적응하는 반면 충동적이며 비현실적인 털리버가의 사람들이 이 사회에 잘 적응하지 못한다는 사실은 따뜻한 인정보다 실질적인 가치에 지배되는 이 사회의 특성을 간접적으로 드러낸다.

이러한 연유로 톰과 매기는 이 두 가문의 특성을 각기 반영한다. 우선 매기는 여러 가지 특성상 털리버가 사람이다. 가령 "뱀모양의 머리

털을 잘라버린 작은 메두사(Medusa)"(161)라는 그녀의 별명은 충동적이며 도전적인 성격을 나타낸다. 이러한 성격은 그녀가 어머니의 걱정을 듣고 충동적으로 자기 머리를 남자처럼 짧게 잘라버린다거나, 금발머리의 여주인공과는 달리 늘 불행해지는 검은 머리 여주인공 얘기를 더 이상 읽고 싶지 않다며 『코린느』(Corinne)라는 책을 필립 웨이컴(Philip Wakem)에게 돌려주는 행동에 드러난다.3) 그러나 그녀는 천성적으로 따뜻한 마음씨를 갖고 있다. 매기가 도슨가의 이모들보다 고모인 그리티모스(Gritty Moss)를 따르는 이유 역시 비현실적인 성격 탓에 가난한 농부와 결혼하여 많은 자녀들의 양육과 가사노동의 짐을 짊어지고 있지만 따뜻한 마음씨를 지닌 고모에게 더 동질감을 느끼기 때문이다. 반면에 톰은 정직함과 부지런함, 검소함 등의 실질적 미덕과 "전통적인 의무나 예의"(364) 등의 관습을 중시하는 도슨가의 혈통을 더 많이 물려받아 매기와는 대조적인 성격을 보인다. 가령 죽은 토끼의 일화에서 톰은 깜빡 잊고 토끼를 굶겨 죽인 매기의 잘못을 용서하지 않는데, 이런 태도는 동기와는 상관없이 결과로만 사물을 판단하는 편협한 도슨가의 특성을 단적으로 보여준다.

이런 연결고리에서 도슨가의 이모와 이모부들의 삶은 톰의 성격형성에 큰 영향을 미치는데 그치지 않고 빅토리아 초기 중산계급 남녀의 삶을 반영하게 된다. 뉴톤(Newton)은 젠틀맨 계층의 농부인 풀레 부부(Mr. & Mrs Pullet), 은퇴한 양털상인 글레그 부부(Mr. & Mrs Glegg), 물방

---

3) Stael의 『코린느』(Corinne)는 코린느라는 똑똑한 여성이 계관시인으로서 대외적인 명성과 영광을 얻게 된 신화를 다룬 작품이다. Ellen Moers, *Literary Women* (New York: Oxford UP, 1976), pp. 141-200.

앗간 주인이자 소규모 땅의 경작농부인 털리버 부부(Mr. & Mrs Tulliver), 새로운 산업자본주의 세계에서 재빠르게 출세하는 미래지향적 활동가인 딘 부부(Mr. & Mrs Deane)를 자상히 분석하고, 과거의 목가적인 농업경제에서 벗어나 산업자본주의에 신속히 적응하는 정도에 비례한 그들의 성공을 지적한 바 있다.[4] 이 분석은 중세 봉건사회에서 산업자본주의 사회로의 변화에 따른 노동의 성별분업 및 이로 인해 점점 더 많은 경제·사회적 지위가 부여된 남성과 더불어 경제활동영역의 축소와 더불어 가사노동의 가치 감소로 인해 상대적으로 지위가 위축된 중산계급 남녀의 지위변화를 밝혀준다. 그런데 도슨가의 인물인 톰은 또한 "일반적 법칙"(628)으로만 도덕적 판단을 내리고 자신의 도덕적 판단이 잘못되었을 가능성을 전혀 고려하지 않는 "격언으로 사는 남성(the man of maxims)"(628)으로 일반화되어, 철저히 상상력과 융통성을 결여한 인물로 제시된다. 이런 속성은 산업자본주의 시대 남성의 공통점이라 하겠다. 이런 맥락에서 뉴튼은 톰이 "새로운 산업자본주의 남성의 한 전형"이라 지적하며,[5] 이 지적을 확대해석하면 톰은 산업자본주의 시대의 가치를 대변한다고 말할 수 있을 것이다.

이런 대조적인 성격 때문에 매기와 톰의 관계에서는 갈등이 끊이지 않는다. 뿐만 아니라 톰은 중간계급과 산업자본주의 사회의 가치를 전형적으로 대변하는 인물이므로, 오빠와의 관계에서 매기가 겪는 갈등은 당대 중간계급 여성의 현실과 다소 관련된다. 이러한 현실은 노동의 성별분업과 이로 인한 여성의 지위하락을 초래한 자본주의 생산양식과

---

4) Judith Newton (1981), pp. 127-35 참조.
5) 앞 글, p. 141.

별도로 생각할 수 없으므로, 그녀에게 지적 성취의 꿈은 허용했지만 성취의 수단은 허용치 않은 성차별적인 세인트 오그스 사회의 제한된 현실과도 관련된 문제이다. 이 사회의 한계는 "'성격은 운명이다.' 그러나 성격이 우리 운명의 전부는 아니다"(514)라는 화자의 진술에서 확인되기도 한다. 그런데 이 작품에는 그 사회의 가치를 대변한다고 할 수 있는 도슨가나 톰이 지닌 실질적 미덕을 그것대로 충분히 보아내는 작가의 공정한 시선에도 불구하고, 이 사회 및 그들이 폭넓은 삶을 추구하려는 매기의 욕구를 실현시키기에 부족한 중요한 결함을 지녔음을 인식한 작가의 시선 또한 감지된다. 이러한 한계를 비판하는 준거는 전산업사회(pre-industrial society)에서 가능했던 유기적 공동체의 가치이므로, 매기가 톰과의 관계에서 겪는 갈등은 당대 중간계급 여성의 현실 및 성차별적인 세인트 오그스 사회, 그리고 한 걸음 더 나아가 동시대 산업자본주의 사회 비판과 관련된다. 이제 이 작품을 어린 시절 매기가 톰과의 남매관계에서 겪는 갈등과 성장한 뒤 그녀가 스티븐을 거부하는 행위, 그리고 톰에게 돌아가 그와 화해하고 익사하는 결말부로 나누어 앞부분과 뒷부분의 불일치 문제를 작가의 여성론적 인식과 관련하여 규명해 보기로 한다.

2

이 작품은 남매의 성장을 보여준다는 점에서는 남매의 성장소설

(Bildungsroman)이라 할 수 있지만,6) 어린 시절 남녀라는 성(gender)이 어떻게 형성되며 비슷한 환경에서 남매가 어떻게 서로 달리 성장하는가, 특히 강렬한 지적 동경을 지닌 매기가 어떻게 크고 작은 좌절을 겪게 되는가 하는 점을 보여준다는 점에서 여느 성장소설과는 다르다. 매기의 동경은 작가가 매기에게 적절한 거리감을 유지하지 못했다는 여러 평자들의 비난에도 불구하고,7) 독자의 충분한 공감을 자아내도록 그려져 있다. 그러므로 이 작품의 주제는 "편협하고 압제적인 사회에 사는 영리한 한 젊은 여성이 이루지 못한 동경"에 대한 공감적 이해라 할 수 있다.8) 그녀의 동경은 정서적·지적으로 더 풍요롭고 창조적인 삶을 이루려는 열망과 사랑하는 주변인물들(특히 아버지와 오빠 톰)의 인정을 받으려는 두 가지 욕구로 나뉠 수 있다. 매기는 이 두 가지 욕구 중에서

---

6) McDonnell와 Goodman은 각기 이 작품을 '두 개의 성장소설', 혹은 '남녀 각각의 성 장소설'(male-female double Bildungsroman)이라 지적한다. Jane McDonnell, ""Perfect Goodness" or "The Wider Life"; *The Mill on the Floss* as Bildungsroman," *Genre*, 15 (Winter, 1982), p. 382; Charlotte Goodman, "The Lost Brother, The Twin: Women Novelists and The Male-Female Double Bildungsroman", *Novel*, 17(1) (Fall, 1983), pp. 31, 42; Margaret Homans, "Eliot, Wordsworth, and the Scenes of the Sisters' Instruction", Elizabeth Abel ed., *Writing and Sexual Difference* (Chicago: The U of Chicago P, 1982), p. 56: Rachel DuPlessis, *Writing Beyond the Ending: Narrative Strategies of Twentieth-Century Women Writers* (Bloomington: Indiana UP, 1985), p. 18.

7) 일례로 Leavis는 이 작품의 결함을 작가가 매기와 지나치게 동일화하는 자기이상화 와 자기연민으로 본다. F. R. Leavis, *The Great Tradition* (London: Chatto & Windus, 1948), pp. 55-57.

8) Elaine Showalter (1977), *A Literature of Their Own: British Women Novelists from Bronte to Lessing* (New Jersey: Princeton UP, 1977), p. 125.

어느 것 하나를 포기해야 하지만 그 어느 것도 포기할 수 없으며 이것이 매기의 근본문제이다. 왜냐하면 이 욕구 중 전자는 당대의 현실에서 중간계급 여성에게 요구된 역할과 상치된 것으로서, 당대의 성이데올로기는 그녀가 주변인물들의 사랑을 받기 위해 순종적인 여성이 될 것을 요구하기 때문이다.

이 당대 사회의 성이데올로기는 주변인물들이 매기를 대하는 태도와 그녀가 받는 차등교육에 반영된다. 우선 매기는 큰 키와 검은 피부, 검은 머리 등의 외양과 자신의 성 및 당대의 상식을 거부하는 영리하고 도전적이며 반항적인 성격9) 등 여러 면에서 전통적인 여주인공들과는 다른 인물이다. 그러나 매기 주변의 인물들은 빅토리아조 사회에서 중간계급 여성의 전통적인 역할만을 기대할 뿐이다. 매기의 어머니 털리버 부인(Mrs. Tulliver)은 강가에서 천방지축으로 뛰어다니는 딸의 얌전하지 못한 행동에 걱정을 금하지 못한다. 사회적 통념에 매인 도슨가의 이모들도 매기보다 의자에 앉혀놓으면 한 시간 동안 꼼짝없이 앉아 있을 정도로 순종적인 성격과 예쁜 곱슬머리 금발을 지닌 매기의 사촌 루시 딘(Lucy Deane)을 더 선호한다. 털리버 씨도 매기의 영리함을 자랑스럽게 여기면서도 딸의 장래를 근심하는 복합적인 반응을 보인다.

---

9) Auerbach과 Zimmerman은 매기의 검은 머리가 "파괴적인 힘", 혹은 "상궤에서 벗어난 행동"을 상징한다고 본다. Nina Auerbach, *Romantic Imprisonment: Women and Other Glorified Outcasts* (New York: Columbia UP, 1985), p. 156; Bonnie Zimmerman, *"Appetite for Submission": The Female Role in the Novels of George Eliot* (Ph. D dissertation, State U of New York at Buffalo, 1974), p. 88.

'그 애는 톰보다 두 배나 영리해. 여자애 치고 너무 똑똑한 게 아닌가 싶어. . . . 어릴 땐 해가 될 게 없지만, 너무 똑똑한 여자애는 꼬리 긴 양보다 나을게 없지. 그렇다고 값을 더 받을 것도 아니고 말이야.' (59-60)

'여자란 그렇게 똑똑할 필요가 없지요. 똑똑하면 문제가 생긴다니까요.' (29-30, 『물방앗간2』(민음사), 66)

털리버 씨가 톰의 교육문제를 상의하기 위해 부른 지방 경매인 릴리 씨(Mr. Riley)도 자신에게 대니엘 데포우(Daniel Defoe)의 『마녀 이야기』(*The History of the Devil*)에 나오는 마녀의 그림을 해석해주는 매기에게 영리하다고 칭찬해 주기는커녕 그런 책은 여자애들에게 적합한 책이 아니라고 주의를 준다. 특히 톰은 매기가 오빠에게 기울이는 관심에 훨씬 못 미치는 관심밖에 보이지 않으며, 자아성취에 대한 누이의 욕구를 이해하지 못하고 순종과 융통성 없는 원칙만 누이에게 일방적으로 강요한다. 이처럼 매기가 톰보다 영리하다는 사실을 환영하지 않을 뿐더러 반항적인 매기보다 순종적인 루시를 더 귀여워하는 주변인물들의 이런 반응에서 여성의 영리한 지성을 위험시하고 순종적 태도를 기대하는 당대 사회의 성이데올로기를 짐작해 볼 수 있다.

그 결과 매기는 지적 성취와 오빠의 사랑이라는 두 가지 욕구 사이에서 끊임없이 갈등을 겪게 된다. 팽팽한 긴장을 이루는 그녀의 갈등은 "두 우상(idols)"(371) 중 하나인 톰과의 관계에서 가장 뚜렷이 드러난다. 왜냐하면 톰과의 관계는 매기에게 가장 큰 비중을 차지하고 있을 뿐 아니라 그녀의 성장에 가장 큰 영향을 미치기 때문이다. 그런데 오빠의 인정과 사랑을 받으려고 자신의 요구를 억제하는 매기도 톰의 부당한 처사에 대해 종종 분노를 터뜨린다.[10] 가장 흔히 인용되는 죽은 토끼 일화에서 매기는 먹이를 안 주어 토끼를 죽게 한 실수를 용납하지 않고 그 벌로 내일 낚시에 데려가지 않겠다고 말하는 톰의 "잔인"(89)함에 분노를 폭발시키지만, 오빠의 사랑을 잃을까 두려워 결국 오빠에게 양보한다. 그녀의 이러한 양면적 반응은 먹고 싶은 욕구를 억누르고 큰 슈크림(jam-puff)을 그에게 양보한 것, 톰이 자기를 빼놓고 루시하고만 놀자 충동적으로 루시를 진흙에 밀어 넣고 집시에게 도망갔다가 돌아오는 등 어린 시절의 일화에서 찾아볼 수 있다. 이 양면적 반응에서 톰에게 의존하려는 매기의 일관된 욕구를 볼 수 있다. 그런데 톰은 당대 사회에서 통용되던 성이데올로기를 대변하는 인물이므로, 매기가 톰에게 의존하는 것은 그녀의 자아성취를 저해한다. 그러므로 사랑받으려는 욕구 때문에 항상 "복종"(503)할 것이라는 화자의 언급대로, 그녀가 자율성을 포기하고 톰에게 집착하면 할수록 성취와는 멀어지며 그들의 갈등의 골은 깊어질 따름이다. 이런 맥락에서 그녀의 성취를 방해하는 것은 "남성들에게 의존"하는 것이라는 쥬디스 뉴톤(Judith Newton)의 지적이나, 톰의 마음에 들려는 매기의 욕구가 그녀의 도덕적 감각을 혼란시킨다는 베스 칼리코프(Beth Kalikoff)의 지적이 적합하다.[11]

---

10) Emery는 매기의 실수로 인한 불화와 화해로 특징지을 수 있는 그들의 관계를 '매기의 의도하지 않은 잘못, 톰의 공평치 못한 벌, 매기의 간청에 의한 용서와 재결합의 패턴'으로, Homans는 '엄격한 비판과 고백 및 용서'라고 설명한다. Laura Emery, *George Eliot's Creative Conflict: The Other Side of Silence* (Berkley, Los Angeles, London: U of California P, 1976), p. 12; Margaret Homans, p. 62.

둘째로, 매기와 톰이 받는 교육도 중산계급 남녀에게 기대된 다른 사회적 역할을 반영한다. 우선 젊은 숙녀를 위한 퍼니스 양(Miss Firniss)의 기숙사 학교에서 받는 매기의 교육은 단 한 문장으로 처리된다(263). 반면에 톰의 교육은 집안의 중대관심사로서 아들이 자신보다 출세하기를 원하는 털리버 씨는 톰이 다닐 학교를 정하기 위해 릴리 씨의 조언을 구하며 친척들이 모인 자리에서 톰의 교육계획을 밝히는 등 1권의 상당 부분과 스텔링 씨(Mr. Stelling)의 학교교육(King's Lorton)을 다루는 2권의 거의 전권에서 톰의 교육이 상세히 묘사된다. 이런 길이상의 대조뿐 아니라 지대한 관심을 보이는 아들의 교육과는 달리 딸의 교육에는 무심한 털리버 씨의 편파적인 태도는 당대 사회가 남녀교육에 둔 비중의 차이를 암시한다. 또한 이들의 교육 내용도 사회의 성차별구조를 명시해 준다. 매기는 마녀가 나오는 그림책을 자기 나름대로 해석하거나 두꺼비에 관한 이야기나 소설 속의 검은 머리 여주인공을 위해 행복한 결말을 지어낼 정도로 상상력이 풍부하지만, 그녀에게는 지적 발전과는 상관없는 순종과 자기희생이 미덕으로 강요된다. 일례로 정식교육이라고도 할 수 없지만 "천을 조각조각 찢었다가 다시 붙여 바느질하는 어리석은 일"(61)로 매기가 거부하는 **헝겊조각이어붙이기**(patchwork)는 보잘것없는 여성교육을 단적으로 대변해준다. 반면 톰에게는 남성위주의 고전교육이 주어진다. 톰이 받는 남성중심적 교육은 스텔링 선생이

---

11) Judith Newton (1981), p. 145 ; Beth Kalikoff, "The Falling Woman in Three Victorian Novels", *Studies in the Novel*, 19 (Fall, 1987), p. 363. 이외에 Jane McDonnell은 매기가 톰에게 의존하는 것을 더 넓은 세계와 자신의 자율성을 거부하는 심리적 'incest'의 한 형태로 본다. Jane McDonnell, p. 386.

톰의 학교를 방문한 매기에게 하는 말에 드러난다. 즉 여자를 증오한 천문학자의 얘기를 듣고 높은 탑에 사는 모든 천문학자들이 천문관측을 방해받을까봐 여자들을 싫어했을 것이며, 톰과 같이 유클리드(Euclid)를 배울 수 있을 거라 확신하는 매기에게 스텔링 선생은 다음과 같이 말한다.

> '스텔링 선생님, 오빠 대신에 저를 가르치신다면, 저도 기하학과 오빠가 배우는 모든 학과목을 할 수 있지 않을까요?'
> '안 돼, 넌 못해.' 톰이 화가 나서 말했다. '여자애들은 기하학 못하죠, 그렇죠, 선생님?'
> '여자애들은 뭐든 조금씩은 배울 수 있단다. . . . 여자애들이 피상적으로는 아주 똑똑하지. 하지만 그 어느 것도 깊이 파고들진 못해. 겉보기엔 재빨리 이해하긴 하지만 깊이가 없거든.' (220-21, 『물방앗간2』(민음사), 253-54, 인용자의 강조)

이상의 대화에서 톰이 일종의 반여성론적인(antifeminist) 교육을 받는다는 사실이 밝혀진다.[12] 이처럼 남녀의 역할을 다르게 규정한 사회적 통념을 주입하는 교육의 결과, 톰은 점차 자신의 판단력과 성취력을 긍정적으로 평가하게 되는 반면에 매기는 교육과 기회의 결여로 인해 자신의 성취력에 대한 자신감을 잃어버린다.

이상 남매의 어린 시절을 묘사하는 이 작품의 1, 2권에서 살펴본 것처럼 매기는 여성에 대한 사회의 요구를 반영하는 주변인물들의 태도

---

12) Mary Jacobus, *Reading Women: Essays in Feminist Criticism* (New York: Columbia UP, 1986), p. 69.

와 차등교육으로 인해 톰과의 관계에서 갈등을 겪게 되며, 이 갈등은 단순히 그들 남매간의 개인적 문제라기보다 당대 중간계급 남녀의 현실과 어느 정도 관련된 것이다. 가령 자신의 저금에서 토끼값만큼 주겠다는 매기의 제의에 "나는 사내이기 때문에 너보다 돈을 훨씬 더 많이 갖고 있어. . . . 그리고 넌 단지 여자애이기 때문에 5실링짜리 백통전만 갖고 있지"(87)라며 거절하는 톰의 말에서 경제적으로 불평등해진 중간계급 남녀의 현실이 엿보인다. 이런 연유로 그녀의 갈등은 당대 성차별적 사회가 중간계급 여성에게 기대한 요구를 전형적으로 반영하는 여성문제로 제시될 가능성을 갖는다.

3

3권 이후 5권 사이에는 매기의 성장한 모습이 그려지며, 이 부분에 그려진 남매관계에는 어린 시절 남매의 성장과정에서 암시되었던 중간계급 남녀의 성차별이 진전되어 매기에 대한 톰의 경제적·성적 억압이 한층 더 강화된 형태로 드러난다. 이 남매관계를 변화시키는 결정적 계기는 털리버 씨가 웨이컴(Wakem)과의 소송에 져서 집안이 파산하는 사건이다. 집안의 파산 이후 톰에게는 일자리를 얻어 웨이컴의 빚을 갚고 가정의 재산을 회복하는 역할이 기대되며, 그는 이 기대에 부응하여 딘 이모부의 회사에서 근면하게 일하고 밥 제이킨(Bob Jakin)과의 동업으로 크게 이익을 남겨 친척들에게 인정을 받게 된다. 그러나 매기에게는 일을 얻어 가정경제 재건에 일조하기보다 털리버 부인과 더불어 집에 얌전히 있는 것이 권장된다. 이처럼 그들에 대한 각기 다른 기대는 산업자본주의 사회로 변화하면서 일어난, 특히 중간계급과 상류지배계급에서 더 강조된 노동의 성별분화와 관련된 것이다. 또한 이런 노동의 성별분업현상은 바깥세상에서 일하는 남성에게 할 일 없이 더욱 의존하게 된 여성의 지위하락을 수반하는데, 이런 변화된 관계가 이들 남매관계의 핵심이다. 가령 필립(Philip)과 매기의 만남이 발각된 뒤 톰과 매기가 나누는 대화에 이런 변화가 발견된다.

> '감정이 내 감정보다 그렇게 우월하다면 좀 보여주려무나. . . . 네가 아버지와 나를 그렇게 사랑한다면서 그걸 어떻게 보여줬지? 불복종과 속임수로 나는 내 사랑을 그런 식으로 보여주지는 않아.'
> '오빠는 남자니까 게다가 힘도 있고 세상에 나가서 뭔가를 할 수 있으니 그렇지.'
> '그래, 넌 아무 것도 할 수 없으니까 할 수 있는 사람들에게 순종하란 말이야.' (450, 『물방앗간2』(민음사), 136, 인용자의 강조)

위의 대화에서 톰은 큰 수완을 발휘하여 경제활동에서 얻은 자신감을 바탕으로 무력한 "경제적 기생자(economic parasites)"에[13] 불과한 누이에게 복종을 강요한다. 이런 대화 뒤에 톰이 다음 날 떠나기로 되어 있는 여행에 관한 지시를 받으러 딘 이모부를 만나러 세인트 오그스로 가고 매기가 울려고 자기 방에 올라가는 것도(451) 분리된 남녀의 "영

---

13) Bonnie Zimmerman (1974), p. 91.

역"을 상징적으로 보여준다. 또한 루시의 집에서 필립과 만나는 것을 허락받기 위해 찾아온 매기에게 톰은 자신이 어머니와 그녀가 살 집을 장만할 때까지 다른 일자리를 얻지 말고 풀레 이모집에 얌전히 있으라고 설득한다.

> 내 말은 네가 항상 극단으로 치닫는 거야. 판단력도 자제력도 없어. 그런데도 너는 네가 제일 잘 안다고 생각하고 도대체 다른 사람 말을 들으려고 하지 않아. . . . 그렇지만 생각해봐라. **오빠는 세상에 나가서 남자들과 교제하니까 당연히 여동생에게 어떤 게 좋고 품위 있는 것인지 반드시 더 잘 알지 않겠니.** (504, 『물방앗간2』(민음사), 209-10, 인용자의 강조)

이처럼 그는 세상일에 관여하는 자기 의견을 판단의 기준으로 내세운다. 이러한 일화들은 한층 강화된 그의 억압적인 태도를 예시해준다. 그러므로 톰과 매기의 남매관계는 일레인 쇼왈터(Elaine Showalter)의 지적처럼 "여성의 열정과 남성의 억압",[14] 즉 노동의 성별분업으로 인한 중간 계급 남녀의 전형적 관계를 보여주는 것으로 제시된다.

한편 톰의 억압이 강화되자 반항적이었던 매기는 순종을 내면화하려는 극단적인 변화를 보인다. 이러한 매기의 변화는 집안의 파산 및 이 파산 이후의 정신적·물질적 결핍감에서 비롯된 것이다. 그녀의 아버지와 오빠는 웨이컴에게 복수하기 위해 경제 활동에 몰두하여 그녀의 내면적 욕구에 더욱 무심해졌을 뿐 아니라, 파산으로 인한 극도의

---

14) Elaine Showalter (1977), p. 126.

내핍은 물질적 결핍감을 증폭시킨다. 이런 이유로 2권 끝에서 "어린 시절의 황금문"(270)이 영원히 닫혔다는 것은 그들의 어린 시절이 문자 그대로 황금시절이었다기보다 집안의 파산 이후에 그녀의 결핍감이 상대적으로 한층 더 심화되었다는 뜻으로 해석할 수 있다. 그녀의 이러한 결핍감은 지상에서 "가장 멋지고 가장 훌륭한"(381) 그 무엇을 강력히 동경하기 때문에 다른 사람들보다 "더 큰 결핍의 짐"(381)을 느끼는 성격 탓이기도 하지만, 그 사회의 현실과도 관련된 것이다. "이 방대한 국가의 삶이 상류 사회와 가벼운 아이러니를 유지하는 데 필요한 모든 활동을 촉구하는 강조, 즉 결핍의 강조에 전적으로 기초해 있다"(385)는 화자의 언급에서 그녀의 결핍감이 중간계급과 노동계급, 특히 중간계급 여성의 결핍감과 관련된 것이며 사회가 이들의 희생에 토대하여 세워졌음이 암시된다. 그녀는 이 결핍감 때문에 "자기 안팎의 변경할 수 없는 법칙"(381)에 관해 무지한 상태에서 "갇힌 열정이 화산처럼 올라오는 것"(387)같은 분노의 정점에 도달하게 되며, 용암처럼 흘러넘치는 "분노와 증오의 발작"(380) 때문에 놀랍게도 자신이 "악마"(380)가 되는 것이 그리 어려운 일이 아니라 느끼게 된다.

그녀는 무력감과 결핍감, 이로 인한 격렬한 분노를 야기시키는 현실에서 탈피하고자 자신의 무거운 짐을 견디게 해 줄 "모종의 열쇠"(379)를 모색하지만, 나름의 타개책으로서 고작 "현실과 책들, 그리고 공상이라는 세 겹의 세계"(367)를 찾아낼 뿐이다. 그녀는 이 세 가지 중에서 "남성적 지혜"(380)를 주리라 믿고 뒤적인 라틴어와 유클리드, 논리학 등 톰의 학교책에서도, 월터 스코트(Walter Scott) 같은 위대한 사람에게 자기 형편을 하소연하는 현실도피적인 꿈이나 "터무니없이 가출하는 로맨스들"(380)에서도 위로를 얻지 못한다. 이 때 그녀는 밥 제이킨이 갖다준 토마스 아 켐피스(Thomas à Kempis)의『예수의 모방』(*The Imitation of Christ*)에서 우연히 현실타개책을 발견한다. 그녀에게 특히 호소력있는 켐피스의 가르침은 자기체념과 자기부정의 철학을 설교하는 다음과 같은 것이다.

> '자신에 대한 사랑이 세상의 그 무엇보다 해가 된다는 것을 알아라. . . . 자신의 의지나 기쁨을 만족시키려고 이것저것 찾고 여기저기에 있고 싶어 한다면, 평온하지도 근심에서 자유롭지도 못할 것이다. 왜냐하면 만사에는 뭔가 부족한 게 있고 모든 장소에는 뭔가 거슬리는 사람이 있기 때문이다. . . . 자신을 버리고 자신을 포기하라, 그러면 내적의 평화를 한껏 누릴 것이다. . . .' (382-83,『물방앗간2』(민음사), 41-43)

가혹한 현실에서 상처받은 그녀는 이 중세 신학자의 철학에서 위안을 얻고 자신에게 주어진 삶의 한계를 기꺼이 받아들이려 하며, 이 교훈은 충분한 인생경험도 없고 충분한 교육도 받지 못한 그녀가 자신의 상황에서 발견해낸 최선책이라 할 수 있다.

그러나 심오한 종교적 차원의 체념을 설교하는 이 교훈은 그녀로 하여금 여성에게 주어진 한계에서 벗어나려는 그녀의 성취욕을 지나친 이기적 욕망으로 간주하게 한다. 이와 같이 켐피스의 철학은 매기가 어린 시절의 반항과 양보중에서 후자로 치우치게 하는 여성순화의 도구가 되며, 당대 사회가 주입하려 했던 성이데올로기를 내면화하여 양보와 순종을 오히려 적극적인 가치로 이상화하는 하나의 분수령이 된다. 이러한 매기의 변화는 "이 한때 고집불통의 아이가 그렇게나 유순하고 자기 고집을 내세우지 않는 아이가 되었다"(387)고 기뻐하는 어머니의 반응이나, 만나기를 금한 필립을 만난 것을 알고 자기 명령을 어겼다고 야단치는 톰에게 매기가 취하는 태도에서도 찾아볼 수 있다. 그녀는 자신에게는 성경에 손을 얹고 필립을 더 이상 만나지 않겠다고 맹세하게 하며 필립에게는 그의 신체적 불구를 빌미삼아 모욕하는 톰의 강압적인 태도에 참았던 분노를 폭발시켜 맹렬히 반발하면서 그를 "바리새인 (a Pharisee)"(450)처럼 동정심도 없다고 신랄히 비난한다. 그러나 다른 한편 그녀는 톰의 강요로 필립과 헤어진데 대해 일종의 "안도감"(451)을 느낀다. 이러한 모순된 반응을 이해하기 위해서는 불구자인 필립에게 남성으로서 매력이 없다는 사실, 필립과의 관계 때문에 아버지가 더욱 상심하지 않도록 그녀가 배려한다는 사실 등을 고려해 볼 수 있다. 또한 지적 갈망의 돌파구로서 필립을 만나는 그녀가 그를 만난다는 사실 자체보다 이 만남을 가족들에게 숨겨야 한다는 사실에 더 괴로워한다는 점에서 화자는 이 안도감을 "숨기는 것에서 벗어난 느낌"(451)에서 유래한 것으로 암시하기도 한다. 그러나 이 안도감의 더욱 근본적 원인은 그녀가 톰의 부당한 억압을 구실로 그에게 항거하거나 순종하는 복합적인 심리적 갈등에 처하여 이 갈등과의 싸움을 스스로 회피하는 것으로 해석할 수 있다.

매기의 이러한 변화는 그녀의 지적·심미적 발전을 고무해 주던 필립을 통해 비판된다. 그는 그녀가 음악과 독서조차 세속적인 즐거움으로 간주하며 거울을 벽으로 돌려놓는 등 수도자와 같은 극단적인 고행에서 만족을 얻으려 하자 이런 태도를 "기나긴 자살(long suicide)"(429)이라 지적한다. 그는 체념이란 "기꺼이 견디는 슬픔이긴 하지만 슬픔"(384)이란 사실을 환기시키고, 체념과 마비를 구별하라고 충고한다.

> '기쁨과 평화는 체념이 아니야. 체념이란 어쩔 수 없는, 고통을 자발적으로 받아들이는 것이지. 무감각은 **체념이 아니라고**. 무지 속에 무감각, 다른 사람의 삶을 알 수 있는 모든 길을 막아버리는 무감각 말이야. 넌 **체념한 게 아니야**. 넌 그냥 바보가 되려는 것뿐이야.' (427, 『물방앗간2』(민음사), 103, 인용자의 강조)

그는 그녀에게 "편협한 금욕주의"(402)의 위험을 지적하면서 그 반작용으로 맹목적인 욕망이 닥칠 거라고 경고하는데, 이 경고는 훗날 그녀와 스티븐(Stephen)의 관계에 들어맞는다.

지금까지 제3권과 5권에서 매기에 대한 톰의 경제적·성적 억압이 어떻게 강화되었는지 살펴보았고, 또한 지극히 야심만만하고 반항적이던 매기가 거의 개종이라 할 만큼 순종적인 성격으로 변화되는 과정을 검토해 보았다. 그리고 이런 변화가 노동의 성별분화로 특징 지워지는 중간계급의 현실과 관련된 여성문제로 제시된다는 사실을 강조하였다. 이제 6, 7권의 핵심문제이자 논란이 분분한 매기와 스티븐의 관계 및 홍수 속에서의 남매의 익사라는 결말을 살펴보자.

4

매기가 스티븐과 맺는 관계는 많은 평자들의 불만을 초래해 왔다.[15) 이 불만은 주로 스티븐이라는 인물의 형상화에 대해 독자가 느끼는 아쉬움과 매기가 스티븐을 거부하는 행위를 작가가 모호하게 처리했다는 점에 집중된다. 매기의 이 거부행위를 어떻게 해석하느냐 하는 문제는 이 소설의 앞부분과 뒷부분이 짜임새 있게 연결되어 있느냐 하는 문제를 결정하는 중요한 문제이다. 매기의 거부에 대한 입장은 크게 두 가지로, 이 거부를 도덕적 성숙으로 보는 입장과 문제로부터의 도피로 보는 입장이 있다.[16) 같은 문제를 두고 이렇게 다른 견해가 생겨나는 가

---

15) 스티븐과 매기의 관계에 대한 찬반의 의견 중에서 Haight와 Bennett는 이 관계를 변호하는 입장이고, Leavis와 Leslie Stephen은 비난하는 입장이다. Gordon Haight, *"The Mill on the Floss"*, Gordon Haight ed., *A Century of George Eliot Criticism* (Methuen: London, 1965); Joan Bennett, pp. 77-101; F. R. Leavis, p. 40; Leslie Stephen, *George Eliot* (New York: The Macmillan Company, 1902), p. 104.

16) 예컨대 Thale은 매기의 포기를 사회적 참여와 성인이 되는 짐에서 도피하는 것으로 보는 반면, Levine이나 Hagan, Sutphin은 "인생에 대한 성숙한 비전으로 나아가는 중요한 단계"나 "도덕적으로 위대한 영웅적 행위", 타인에게 수동적으로 의존하는 것과 자신의 존재를 주장하는 것 사이의 선택으로 보는 긍정적 입장을 취한다. 이 찬반의 논의를 정리한 것으로서 Hagan의 논의 참조. John Hagan, "A Reinterpretation of *The Mill on the Floss*", *PMLA* 87 (1972), pp. 52-57; Jerome Thale, *The Novels of George Eliot* (New York: Columbia UP, 1959), p. 52; George Levine, "Intelligence as Deception: *The Mill on the Floss*", George Creeger ed., *George Eliot: a Collection of Critical Essays* (Englewood Cliffs, N.J.: Princeton, 1970), p. 117; Christine Sutphin, "Feminine Passivity and Rebellion in Four Novels by George Eliot", *Texas Studies in Literature and Language* (U of Texas), V. 29 (Fall, 1987), p. 346.

장 근본적인 원인은 작가의 시점 자체에 일관성이 없기 때문이다. 매기가 스티븐에게 이끌리는 것을 당연한 일로 제시하던 작가는 곧 매기가 스티븐을 거부하는 행위를 바람직한 도덕적 결단으로 암시하는데, 여기서 문제가 생겨난다는 것이다. 이 문제를 작가의 여성문제 인식과 관련하여 분석해 보자.

먼저 매기가 스티븐에게 매혹되는 것은 이해할만한 정황으로 제시되며, 그들의 관계에는 그들이 만나는 시기와 그녀가 당시 겪고 있던 극심한 결핍감이 크게 작용한다.[17) 가령 루시의 비공식적 약혼자인 스티븐과 매기가 만나는 시점은 그녀가 2년간의 교사 생활에서(17-19세) 막 돌아온 직후로 되어 있다. 그녀의 학교생활은 "재미없는 일과 하는 기쁨 없는 나날"(482)이었고, "삼류학교 교실의 삐걱거리는 소리와 하찮은 여러 직무"(494)로 정철된 생활이었다. 한마디로 그것은 그녀의 결핍감을 가중시키는 정서적·신체적으로 고달픈 생활이었다. 매기는 켐피스의 철학과 고달픈 교사생활에 자족하던 "수년간의 만족스런 단념"(482) 끝에 필립이 경고한 대로 욕망과 동경이 되돌아온 상태에 놓이게 된다. 그녀는 잠시 머물고 있는 루시의 집에서 풍족한 유한여성의 자유로운 생활을 맛보게 되며, 이 생활은 그녀에게 큰 영향을 미친다.

이렇게 해서 매기는 생전 처음으로 젊은 처녀의 생활을 맛보게 되

---

17) 반면에 스티븐은 교태 없는 매기의 아름다움 외에 바느질이 돈을 버는 유일한 수단이므로 잘하게 되었다고 루시에게 설명하는, 다른 여성과 달리 자신의 바느질과 빈곤을 부끄럼 없이 인정하는 매기의 태도에 강한 인상과 호기심을 느끼고 자기보다 낮은 계급의 매기에게 이끌린다.

었다. 그녀는 처음으로 이 일 저 일을 꼭 해야 한다는 의무감 없이 아침에 일어난다는 게 어떤 기분인지 알게 되었다. 이러한 여유와 제한 없는 즐거움은 그녀에게 새로운 것이었다. 초봄의 훈풍과 정원의 향기, 음악과 햇빛 속에서의 산책, 강물을 따라 미끄러지는 생활, 꿈결 같은 보트타기 등은 결핍의 생활을 보낸 그녀를 도취시켰다. 그리하여 첫 주가 다 가기도 전에 그녀는 벌써 서글픈 기억을 잊기 시작했고, 미래에 대해서도 덜 전전긍긍하게 되었다. (513, 『물방앗간2』(민음사), 224)

이런 변화된 환경에서 매기는 신체적인 매력과 넉넉한 부를 지닌 스티븐에게 거의 무방비 상태로 노출되어 "음악과 모든 사치한 것들"(529)로 대변되는 그동안 굶주렸던 문화적 욕구와 세속적인 즐거움을 충족시키려 한다. 더욱이 그들의 관계에는 "각자 상대방의 존재를 숨막힐 듯 거의 손끝까지 의식"(516)할 정도로 매기가 필립과의 관계에서 충족시키지 못했던 성적 이끌림이 개입한다. 이처럼 중간계급 중에서도 하층(lower-middle-class)에 속한 매기가 스티븐에게 이끌리는 것에는 그녀의 정신적·물질적 결핍감이 크게 작용한다.

따라서 매기는 스티븐이 결핍감을 충족시켜 줄 때 감각적 해방에 순간적으로 자신을 맡기는 의지의 마비를 경험한다. 가령 매기는 보트를 타고 노젓기를 배우다 발이 미끄러져 스티븐이 잡아주자 "자신보다 더 크고 강한 사람"(492)의 보살핌을 받는 것이 매우 매력적인 일이라 느끼며, 그녀에게 아주 새로운 남성적 매력을 느끼고 이 경험을 논리적으로 설명할 경황도 없이 몰두하게 된다. 또한 "강물을 따라 가며"(Borne Along by the Tide)라는 6권 13장의 제목뿐 아니라 이 장의 주요사건에도 이런 상태가 반영된다. 겹친 우연으로 그녀가 스티븐과 배를 타게 될 때, 그리고 목적지를 지난 것을 안 다음에도 그녀는 스티븐의 영향 하에 의지와 판단력이 마비된 무의식 상태에서 흐르는 강물을 따라 떠내려갈 뿐 자신에게 일어나는 사건을 정확히 파악하지도 그에게 저항하지도 못한다.

> 매기는 그의 손에 이끌려 장미나무 사이로 정원을 내려가고, 부드러운 손길의 도움을 받아 보트에 타고, 발치에 쿠션과 망토가 깔리고, 그녀가 잊고 온 양산이 펴지는 것을 느꼈다. 그 모든 것은 그녀의 의지와는 상관없이 줄곧 그녀를 이끌고 있는 듯한 강한 존재에 의해 이루어졌다. 그것은 강한 강장제처럼 갑자기 원기를 북돋우는 힘과 함께 찾아온 또 하나의 자아와도 같았다. 그녀는 그 외에는 아무것도 못했다. 기억은 모두 지워진 듯했다. (589, 『물방앗간2』(민음사), 330-31)

> 스티븐이 간절하고 열렬하게 호소했다. 매기는 잠자코 듣고 있었다. 처음에 놀라움은 조류가 모든 것을 해결해 준다고 믿고 싶은 마음으로 변했다. 그저 조용하고 빠른 물살을 따라 흘러가면 되지 않을까, 더 이상 안간힘을 쓰지 않아도 되지 않을까? (590, 『물방앗간2』(민음사), 333)

이러한 의지의 마비를 초래한 그녀의 결핍감은 스티븐이 누리는 넉넉한 외적 조건에 취약할 수밖에 없는 중간계급 여성의 결핍감과도 관련되어 있다.

둘째로, 매기가 스티븐을 거부하는 결정에 함축된 의미를 살피기 위해 우선 스티븐의 인물됨을 생각해 볼 필요가 있다. 그가 "다이아몬드 반지를 끼고 장미유를 바르고 낮 12시에 태연하게 여유 있는 태도"(469) 를 지닐 수 있는 것은 세인트 오그스에서 가장 큰 제유공장과 부두를 소유했기 때문이다. 이런 인물이 "충만한 삶"에 대한 높은 이상을 지닌 매기에게 걸맞은 대상이 될 수 있을지 의심스럽다. 작가는 스티븐에 관한 이러한 불만과 관련하여 매기가 "본질적으로 고귀하지만 큰 잘못을 저지를 수 있는 인물"이라는 점에서 보잘 것 없는 스티븐에게 이끌리는 매기와 그들의 관계를 옹호한 바 있다.[18] 그러나 레즐리 스티븐(Leslie Stephen)은 스티븐을 "옷치장에 정신 팔린 전형적인 시골 한량(coxcomb)" 으로 보며, F. R. 리비스(Leavis)는 스티븐의 묘사가 일반적인 평가보다 더 치명적인 작가의 실패라 지적한다.[19] 이 지적처럼 스티븐은 "아름답고 즐거운 모든 것에 대한 열렬하고 열정적인 동경으로 충만하며 모든 지식에 대한 욕망으로 목마른"(320) 매기와는 다른 부류의 인간으로서 고귀한 정신을 결여한 인물이다. 또한 스티븐은 딘 이모부과 더불어 게스트 회사(Guest & Co.) 소유주의 아들로서 새로운 산업 자본주의 사회에 잘 적응한 인물이므로, 그를 상승하는 산업 부르주아지의 가치를 대변하는 인물로 보아 큰 무리는 없을 것이다. 이런 맥락에서 뉴톤은 스티븐을 "새로 부상한 자본가 계급"으로 파악한다.[20] 이와 같이 스티븐

---

18) Bennett는 작가가 부족한 스티븐이 매기의 영향 하에 훌륭하게 변하는 것을 그리려 했다고 언급한다. Joan Bennett, *George Eliot: Her Mind and Her Heart* (Cambridge: The Cambridge UP, 1962), pp. 115-20; John Cross, *George Eliot's Life as Related in her Letters and Journals: Arranged and Edited by Her Husband, J. W. Cross*, V.II (1885), p. 262.

19) Leslie Stephen, pp. 97-104; F. R. Leavis, pp. 53-54 참조.

은 속물적인 인간이자 산업 부르주아지의 가치를 대변하는 인물이므로, "충만한 삶"을 원하는 매기의 정신적 결핍감을 충족시켜 그녀의 자아성취를 도와줄 배우자가 못된다. 고로 매기와 스티븐의 관계는 엘리자베스 에마스(Elizabeth Emarth)의 지적처럼 그녀의 내면이 아니라, 외부에서 지탱하려는 "배반적인 의존"이다.[21] 그러므로 매기의 거부는 그의 인물됨이나 그가 대변하는 가치에 비추어 볼 때 일단 타당한 선택이다.

이 선택의 타당성은 매기가 자신의 결혼에 대해 막연한 불안감을 갖고 있다는 사실로도 입증된다. 그녀는 스티븐과 결혼하여 얻을 수 있는 "개인적 즐거움"(582)보다 더 고귀한 것이 인생에 있으리라 믿으며, "스티븐과의 삶은 신성할 수 없으며 불확실한 충동에 끌려 영원히 가라앉아 방황할 것이 틀림없다"(597)고 불안해한다. 그녀의 이런 믿음이나 불안감에는 그의 인물됨이나 그가 대변하는 가치 및 자신의 이끌림에 내포된 의미를 인식할 가능성이 함축되어 있다. 더군다나 스티븐이 제공하는 삶이 가정에서 아무런 영향력을 행사하지 못하는 딘 이모의 삶, 요컨대 중간계급 중에서 상류에 속한 여성(upper-middle-class wife)의 삶이라는 점을 고려할 때, 그녀가 스티븐을 거부하는 것은 스티븐이라는 개인을 거부하는 것이면서 동시에 산업 부르주아지의 가치 및 당대 산업주의가 중간계급 여성에게 제공하는 삶을 거부한다는 여성론적 의미를 함축한다. 그러므로 이 거부를 우리가 바람직한 것으로 받아들일 때, 그 이유는 작가나 몇몇 평자들처럼 그녀의 거부를 도덕적 성숙으로 보

---

20) Judith Newton (1981), p. 148.

21) Elizabeth Ermarth, "Maggie Tulliver's Long Suicide", *Studies in English Literature*, V. 14 (Autumn, 1974), p. 598.

기 때문이 아니라 이 선택에 함축된 여성론적 의미 때문이다.

그러나 이것은 어디까지나 오늘 이 시점에서의 해석이거니와 작가는 매기의 거부를 순종이나 의무, 체념 등 당대 사회의 통념을 받아들이는 도덕적 선택으로 제시한다. 이러한 문제점이 모스 고모의 집까지 매기를 따라온 스티븐이 그녀에게 구혼하지만 거부할 때, 그리고 스티븐과 마을을 떠났다가 5일 만에 돌아오는 결정적 사건 이후 매기가 스티븐을 다시 거부하면서 거듭 밝히는 이유에 드러난다. 그녀가 그를 거부하는 이유는 자신이 생각하는 "완전한 선에의 동경"(603)이나 "과거의 기억에 대한 충실함"(571), 톰과 루시, 필립 등과 맺은 과거의 관계에 대한 의무에 충실하기 위해서이다. 그녀는 이 의무에 입각하여 과거가 그들을 속박하지 않는다면 의무가 어디에 존재할 수 있느냐고 반문하며(601-02), 자신에게 한 가지 분명한 의무는 "다른 사람들을 희생시켜가면서 자신만 행복을 추구해서는 안 되며 그럴 수도 없다"(571)고 다짐한다. 그녀는 자신이 스티븐과 결혼한다면 "가장 성스러운 유대"(601), 즉 과거의 관계를 깨는 것이며 "신성모독(a desecration)"(627)이 될 것이라 여긴다. 이러한 생각은 이 작품보다 이전에 쓰인 『제인 에어』(*Jane Eyre*)의 그것과는 매우 대조적인 태도이다.[22] 로체스터(Rochester)의 정부가 되기를 거부하고 손필드(Thornfield)를 떠나는 제인(Jane)의 태도가 자기희생이 아닌 자기보존의 태도라면,[23] 스티븐을 거부하는 매기의 태도

---

22) 엘리엇은 제인의 태도를 "모든 자기희생은 좋다. 그러나 사람의 영육을 썩어가는 시체에 묶어두는 극악무도한 법칙보다는 좀 더 고상한 명분으로 자기희생을 하기를 원할 것이라고 비난한바 있다. Gordon Haight ed., *The George Eliot Letters*, I, p. 268.

는 오히려 과거의 유대를 위해 자기희생을 미덕으로 여기는 태도, 요컨 대 사랑과 의무를 양립할 수 없는 것으로 규정짓고 그 의무의 내용을 본질적으로 성찰해보지도 않고 그 의무에 맹목적으로 집착하는 것처럼 보인다.

이와 같이 매기와 스티븐의 관계 및 스티븐을 거부하는 그녀의 선 택에는 중산계급 여성의 결핍감과 관련된 여성론적 함의가 함축되어 있지만, 이 거부에 담긴 의미가 충분히 전개되지 못한 채 사랑과 의무 또는 개인과 사회적 유대 간의 갈등에서 매기가 자신의 열정을 따르려 는 이기적인 유혹을 물리치고 의무를 택하는 도덕적 선택으로 초점이 변경된다. 이러한 변경은 뉴톤과 쇼왈터, 데이비드(David) 등 여러 평자 들의 지적대로 매기의 선택에 포함된 여성론적 함의를 얼마간 인식하 고서도 당대 사회의 압력 때문에 이를 교묘하게 감춘 작가의 의도적인 전략24) 내지 이 함의를 십분 인식하지 못한 작가의 여성론적 인식과 긴

---

23) 엘리엇의 비난에 대해 Showalter는 엘리엇이 자기주장과 자기희생을 구분하지 못 했다고 지적한다. Elaine Showalter (1977), p. 124.

24) Newton은 이 변경의 원인을 매기가 사회와 개인에게 공통적으로 느끼는 충성심과 작가가 "여성의 영역"이라는 이데올로기를 강조하기 때문으로, Showalter는 지나친 포부를 지닌 여주인공을 벌주어 사회의 요구를 강조하는 것처럼 보이려는 19세기 여성 작가들의 책략으로, David는 작가가 자율성을 원하는 여성의 지적 욕구와 이 욕구를 지배하려는 남성의 권위 사이의 갈등을 "봉쇄전략"(strategies of containment) 으로 해결한다고 설명한다. 이를테면 당대 가부장제에 저항하면서도 그 안에서 성 공한 Eliot은 당대 사회에 드러내놓고 반항한 매기를 봉쇄 전략으로 벌주는 것처럼 홍수 속에서 죽게 처리하여, 여성문제를 그리면서도 빅토리아 가부장제의 찬양을 받았다는 것이다. 이외에 Gilbert와 Gubar는 여성의 파괴적인 분노에 대한 두려움 때문에 작가가 체념을 묵인했다고, Beer는 특정한 사회질서의 비판이 비역사적 차

밀한 상관관계에 있다. 그러므로 6, 7권의 핵심문제 중 하나인 매기와 스티븐의 관계 및 스티븐을 거부하는 그녀의 선택이 충분히 설득력 있게 형상화되지 못했다는 비판의 일부 원인은 작가의 여성문제 인식상의 한계에서 찾아볼 수 있다. 작가의 이러한 태도는 남매의 화해 및 익사로 처리된 결말에 다시 드러난다.

5

이 작품의 결말은 재차 구혼하는 스티븐의 편지를 받고 톰을 비롯한 마을 사람들에게 오해를 받는 견디기 어려운 상황에서 벗어날 수 있는 "다른 미래"(648)에 대해 유혹을 느끼던 매기가 다음 날 쓰려 했던 거절 편지를 쓰지 못하고 그날 밤 갑작스레 닥친 홍수에서 톰을 구하고 그와 잠시 화해한 다음 남매가 손을 잡고 함께 익사하는 것으로 처리되어 있다. 홍수라는 결말이 "매기는 언젠가 넘어지고 말 거야"(60)라는 후렴처럼 반복되던 털리버 부인의 말이나, 주기적으로 닥쳐오는 홍수에 대한 많은 예고, 세인트 오그스 사회의 전설, 그리고 마녀의 이야기 등

원의 욕망실현 문제로 바뀌어 제기되었던 사회변화의 문제가 사라진다고 설명한다. Judith Newton (1981), pp. 138, 150, 155; Elaine Showalter (1977), pp. 21-23; Deidre David, *Intellectual Women and Victorian Patriarchy* (New York: Cornell UP, 1987), 3장 참조. 특히 pp. 162-164; Sandra M. Gilbert & Susan Gubar, *The Madwoman in the Attic: The Woman Writer and the Nineteenth-Century Literary Imagination* (New Haven and London: Yale UP, 1979), p. 466; Gillian Beer, *George Eliot* (Brighton: The Harvester Press, 1986), pp. 99-100.

을 통해 꾸준히 준비되어 온 것은 사실이다. 그러나 이 결말은 매기가 과연 살았다면 스티븐을 거절했을지 확실히 알 수 없는 미완결의 상태이므로, 작가가 매기의 열망을 계속 존속시킬 수도 해결할 수도 없는 딜레마에 처하여 이제껏 제기해온 매기의 문제를 우연히 닥친 홍수로 임의적으로 중단해버렸다는 느낌[25]을 준다.

이와 같이 매기가 빅토리아 사회에서 자신의 열망을 보존할 공간을 발견하지 못하고 죽음에 이르는 과정은 성적 · 사회적 실패를 상징하는 것으로 보인다는 점에서 이 결말은 로맨스의 전통적 결말과 유사해 보인다. 이런 입장에서 홍수로 범람한 플로스강에 떠다니던 거대한 "목재 기계"(655)에 부딪쳐[26] 남매가 함께 죽는다는 사실을 강조하는 평자들이 있다. 가령 칼라 피터슨(Carla Peterson)이나 엘리자베스 에머스 등의 평자들은 매기의 죽음을 일종의 자살이라 할 "굴복과 자기포기의 행위"이자 매기의 육체적 · 정신적 죽음을 상징하는 것으로 간주하며, 쇼왈터도 매기를 "수동적이며 자기파괴적인 여주인공"의 선조로 본다.[27] 이런

---

25) 이 결말에 대한 부정적 의견은 Leavis, Henry James, Walter Allen 등에서 찾아볼 수 있다. F. R. Leavis, p. 46; Henry James, "The Novels of George Eliot", *A Century of George Eliot Criticism*, p. 52; Walter Allen, *The English Novel* (Harmondsworth: Penguin Books, 1954), p. 227; ___, *George Eliot* (London: Weidenfeld & Nicolson, 1964), pp. 115-17.

26) Paris는 이 기계를 St Ogg's의 냉혹한 물질주의를 상징하는 것으로 보며, DuPlessis는 홍수라는 자연과 인간이 만든 기계로 대변되는 문명이 함께 작용하여 남매를 죽인다고 본다. Bernard Paris, "Toward a Revaluation of George Eliot's *The Mill on the Floss*", *Nineteenth Century Fiction*, 11 (1956), p. 31: Rachel DuPlessis, p. 18.

27) Showalter는 우리의 최선이 "아편을 복용하지 않고 지내는 것"이라는 작가의 언급과 고통을 수동적으로 인내하는 매기의 태도를 관련시킨다. Margaret Carla Peterson, "The Heroine as Reader in the Nineteenth Century Novel: Emma Bovary and

평가는 모두 매기가 현실을 회피하고 결국 주위의 압력에 굴복했다고 보는 그녀의 죽음에 대한 부정적 시각들이다.

그러나 이 결말에서 매기에게 톰을 구조하는 우월한 위치가 잠시 허용되며 그와 화해하고 죽기 때문에 이 죽음은 완전한 실패를 상징하는 로맨스의 죽음과는 다소 다른 면이 있다. 그러므로 여성론적 평자들은 매기가 자신의 진정한 가치를 톰에게 인식시켰다는 점에서 이제껏 이 결말의 긍정적 의미를 읽어낸 평자들과는 다른 이유, 즉 매기가 오빠인 톰을 구조했다는 사실과 목숨을 건 구조행위로 말미암아 이들 남매의 화해가 이루어졌다는 점을 긍정적으로 평가한다. 가령 매기가 홍수가 닥치자 최초의 마비상태에서 벗어나 느끼는 힘은 "새로 깨어난 희망이라는 힘"(652)과 "강한 감정으로 고무된 힘"(652), 그리고 미래에 필요치 않을 "축적된 힘"(652) 등으로 표현된다. 비가 퍼붓는 밤에 혼자 보트를 저어 물방앗간에 있는 톰을 구하는 등 홍수에 적극적으로 대처하는 매기의 모습은 이 결말에 대한 긍정적 해석을 뒷받침한다.

> '누구세요? 배를 가져왔나요?'
> '오빠, 나야, 매기야. 어머니는 어디 계셔?' . . .
> '매기, 너 혼자니?' 톰은 배와 같은 높이에 있는 창문을 열면서 깜짝 놀란 듯한 목소리로 물었다. . . .
> 톰은 보트를 밀어 넓은 물로 나왔다. 그러고는 매기의 얼굴을 마주

Maggie Tulliver", *Comparative Literature Studies*, V. 17 (Ja. 1980), p. 181; Elizabeth Emerth, p. 601; Margaret Homans, p. 58; Gordon Haight ed., *Selections of George Eliot's Letters*, p. 254, *Letters*, III, p. 366: Elaine Showalter (1977), pp. 125, 130-31.

보았다. 그러자 비로소 톰은 지금까지 일어난 일의 의미를 완전히 깨달을 수 있었다. 너무나 강렬한 그 깨달음의 충격 때문에 그는 한마디도 물을 수 없었다. 그것은 인생의 깊이에 대한 새로운 계시와도 같았다. 그 깊은 세계는 그가 매우 예리하고 분명하다고 자부했던 자신의 통찰력 너머에 존재했던 것이다. 그들은 아무 말도 하지 않고 서로 바라보기만 했다. 매기는 피곤하고 지친 얼굴이었지만 눈이 삶의 활기로 가득하였다. **톰의 얼굴은 경탄과 부끄러움으로 창백했다.** (654, 『물방앗간2』(민음사), 424-25, 인용자의 강조)

이 인용문에서 밝혀지듯, 매기가 톰을 구하는 우월한 위치에 있게 되자 톰은 누이의 진정한 가치를 모르고 있던 자신과 이제껏 억압해 왔던 누이에게 의존하는 자신의 위치를 부끄럽게 여긴다. 이런 연유로 길버트(Gilbert)와 구바(Gubar), 메린 윌리엄즈(Merryn Williams), 비어(Beer) 등의 여성론적 평자들은 톰을 구조하는 매기의 구조행위에 큰 의미를 부여하여 이 구조행위를 매기가 톰에게 거둔 일종의 승리를 상징하는 것으로, 그리고 남매의 화해 뒤에 그녀의 분노 및 적극적인 복수가 숨어 있다고 해석한다.[28] 뉴톤 등의 평자들은 한 걸음 더 나아가 홍수로

---

28) Bushnell은 끝 장면에서의 매기의 적극적인 모습을 부각시킨다. Gillian Beer는 이 결말이 패배의 측면과 더불어 매기의 승리 및 복수의 느낌도 준다고, Gilbert와 Gubar는 매기가 시혜를 받는 게 아니라 시혜를 베푸는 신데렐라라는 뒤바뀐 위치에서 톰을 구할 때 그는 일종의 벌을 받는다고, Merryn Williams도 남매의 익사가 비극이 아닌 승리라고 주장한다. John P. Bushnell, "Maggie Tulliver's "Stored-up Force": A Re-reading of *The Mill on the Floss*", *Studies in the Novel*, 16 (Wint., 1984), pp. 378-95 참조; Gillian Beer (1986), p. 90; Sandra M. Gilbert and Susan Gubar (1979), pp. 493-494; Merryn Williams, *Women in the English Novel 1800-1900* (New York: St. Martin's P, 1984), p. 144. 이외에 이 결말에 감춰진 매기의 강력한 분노를 지적한

인해 매기를 좌절시킨 전체 사회의 질서도 붕괴되므로 이 결말에 전체적인 사회변화의 환상이 암시된다고 본다.[29] 그러나 이런 해석은 사회변화가 홍수라는 자연적인 사건으로 주어진다는 점에서 다소 지나친 해석으로 보인다. 더구나 이런 해석들은 홍수에서 톰을 구한 매기가 곧거대한 "목재 기계"에 부딪쳐 죽는다는 사실, 즉 매기의 구조행위와 익사의 양면을 균형 있게 고려하지 않고 구조행위에만 과도한 의미를 부여하는 경향이 있다. 왜냐하면 매기의 죽음은 그녀에게 일시적으로 부여된 이 우월한 지위가 가부장적인 산업사회 속에서 지속될 수 없음을 암시하기 때문이다.

이 결말의 올바른 의미는 남매의 화해가 어떤 의미를 갖는가 하는 문제와 밀접히 관련되어 있다. 이 화해를 루이스(Lewes)와의 결혼으로 인해 오빠 아이작(Isaac)과 불화했던 작가 자신의 전기적 사실과 관련하여 작가의 "소원 성취적 반전(a wish fulfillment reversal)"으로 이해하려는 시각도 있으며,[30] 혹자는 매기가 톰의 인식을 바꾼다는 점에서 이 화해를 긍정적으로 읽기도 한다. 이런 입장에서는 톰이 죽기 전에 매기의

Laura Comer Emery, pp. 24-26; John Hagan, p. 62; Elizabeth Ermarth, p. 599; Nina Auerbach (1975), p. 165 참조.

29) Newton은 톰이 가부장적 산업사회에서 여성의 힘과 지위를 파괴하는 인물이므로 매기가 그녀에 대한 톰의 인식을 바꾸는 것을 전체사회를 바꾸는 것으로 보고, 이런 의미에서 매기의 죽음은 왜곡된 이데올로기에 대한 저항을 제시한다고 주장한다. Judith Newton (1981), p. 157.

30) Jane McDonnel, p. 383; Penny Boumelha, "George Eliot and the End of Realism", Sue Roe ed., *Women Reading Women's Writing* (Brighton: The Harvester, 1987), p. 29; Laura Emery, pp. 8, 11.

진정한 가치를 깨닫고 그녀와 화해하는 것이 그동안 겪어온 그녀의 고통을 보상해주는 것으로 해석된다. 앞에 복선처럼 암시된 마녀 이야기(물에 빠뜨렸을 때 수영해서 살아나면 마녀로 판정되고 물에 빠져 죽으면 무고한 여인으로 판정된다는 데포우의 이야기)와 이 결말을 관련시켜 볼 때, 매기는 죽어서 무죄를 입증하고 톰과 화해도 하므로 그녀의 죽음은 헛되지 않으며 이 화해 또한 의미 있는 일처럼 보인다.

그러나 이 화해가 작품에서 스티븐과의 관계보다 더 큰 비중을 차지한 톰과의 갈등을 해결하려는 시도이며 이제까지 남매의 관계에서 제기된 여성문제를 얼마간 얼버무린다는 점에서, 이 화해를 긍정적으로 볼 수만은 없다. 이 화해의 의미를 바로 파악하기 위해서는 매기가 톰과의 관계에서 겪은 갈등의 원인을 분명히 규명할 필요가 있다. 그들의 갈등은 일차적으로 "성격상의 한계"(630)에 갇혀 있는 톰과, 필립의 표현대로 "폭넓은 영혼을 지닌"(635) 매기의 대조적인 성격에서 유래한 것이다.[31] 뿐만 아니라 그들의 갈등은 그들의 관계에 대한 이제까지의 논의에서 밝혀진 대로 그 사회의 뿌리 깊은 성적 차별에서 유래한 성의 문제이자 중산계급 남녀의 전형적 현실과 관련된 계급의 문제이다. 가령 이 성차별적인 세인트 오그스 사회가 그들의 갈등에 일부 책임이 있다는 사실은 순간적인 방심으로 스티븐이 목적지를 지나도록 수수방관한 매기에게는 톰을 비롯한 마을 사람들의 온갖 수모가 가해지지만 스티븐에게는 너그러운 관용이 베풀어지는 등 남녀에게 각기 다른 기준

---

31) Thale은 매기의 문제를 도슨가와 털리버가의 기질적 차이의 문제로, Hagan은 두 인간유형, 즉 폭넓은 영혼(매기)과 편협한 영혼을 지닌 인간(아버지와 오빠) 사이의 갈등으로 본다. Jerome Thale, p. 51; John Hagan, p. 62.

이 적용된다거나,[32] 경제적 독립을 원하는 매기에게 자기 아이들의 가정교사 자리를 내준 켄 의사(Dr. Kenn)가 그녀와의 관계에 대해 마을 사람들의 오해를 받는 사회적 편견에서도 증명된다. 이런 연유로 그들의 화해가 진정으로 의미 있는 것이 되려면 이 갈등을 근원적으로 해결하는 사회의 변화가 동반되거나, 적어도 매기가 이 갈등의 근본성격을 명철히 인식해야 한다.

그러나 매기와 톰의 화해는 그들의 갈등에 일부 책임이 있는 사회변화를 수반하지 않으며, 매기는 자신의 갈등을 분명히 인식하기는커녕 이 화해에 자족하는 것으로 그려진다.

> 입은 굳게 다물려 있었지만 생각은 바삐 움직이고 있었다. 톰은 아무 것도 묻지 않았지만 거의 기적이라고 할 만큼 신의 가호가 함께한 매기의 노력을 상상할 수 있었다. 마침내 그의 청회색 눈에 물기가 어렸다. 입에서는 그가 말할 수 있는 단 한마디 터져 나왔다. 그것은 어릴 적에 그가 부르던 이름이었다. "맥지?"
> 매기는 아무 대답도 하지 못하고 그저 오랫동안 흐느껴 울기만 했다. 고통과 함께 하는 신비스럽고 놀라운 행복감에서 나오는 울음이었다. (654-55, 『물방앗간2』(민음사), 425-26)

> 오누이는 결코 다시는 헤어지지 않으려는 듯 서로 꼭 끌어안은 채 물속으로 들어가고 말았다. 지고의 순간, 그들은 손을 꼭 잡은 채 데이지 꽃이 만발한 들판을 함께 헤매던 그 남매 시절로 돌아갈

---

32) Hazel Martin, *Petticoat Rebels: A Study of the Novels of Social Protest of George Eliot, Elizabeth Gaskell and Charlotte Bronte* (New York: Helios Books, 1968), p. 50.

수 있었다. (655, 『물방앗간2』(민음사), 427)

이러한 대목들에는 갈등의 근본원인을 명시하지 않은 채 남매의 갈등을 통해 제기된 여성문제를 감상적으로 미화된 그들의 개인적 화해로 얼버무리려는 작가의 태도가 드러난다. 지머맨(Zimmerman)은 매기에게 다른 성취는 불가능하더라도 그녀가 최후 순간에 톰에게 느끼는 애정과 결속이 무력감에 근거해 있다는 사실을 파악할 필요가 있다고 지적하며, 거스(Guth)도 자신에 대한 매기의 사랑과 충성을 인식하는 그들의 화해를 톰의 정신적·도덕적 변화나 사회의 인식 변화를 수반하지 않는 개인적 화해라고 본다.[33] 그들의 화해에 대한 이러한 부정적 지적들은 마녀의 이야기에 대해 "물에 빠져 죽고 난 다음 마녀가 아니라고 판명되는 것이 그녀에게 무슨 소용이 있겠는가?"(66)라고 묻는 매기의 질문과 관련하여, 톰이 죽기 전에 매기의 진정한 가치를 깨닫는 것이 그녀가 겪어온 고통을 보상해줄 수 없는 개인적 인식에 불과하다는 점에서 그들의 화해를 긍정적으로 보는 해석보다 설득력이 있다.

매기와 톰의 화해는 또한 각별히 톰이라는 인물, 그가 대변하는 사회적 가치 및 통념과의 상징적 화해를 의미한다. 매기가 스티븐을 거부하고 자신을 냉정히 거부한 톰에게 돌아가 소극적으로 오빠의 용서를 기다리는 것도 단순히 오빠와의 화해 차원에서 끝나는 것이 아니라, 그녀가 애써 거부하던 톰과 도슨가의 가치로 대변되는 억압적인 관습과

---

33) Bonnie Zimmerman (1974), pp. 118-19; Barbara Guth, "Philip: The Tragedy of *The Mill on the Floss*", *Studies in the Novel*, 15 (Wint., 1983), p. 362.

중산계급 남성의 가치에 굴복하는 것으로 그 의미가 확대될 수 있다. 그러므로 이 화해에는 매기의 과거지향적 성향이 엿보이며, 이런 태도 는 앞의 세인트 오그스 사회 묘사에서 암시되었던 작가의 과거지향적 태도와도 관련된 것이다. 가령 매기는 세인트 오그스 마을을 떠나 퍼니 스 양과 함께 교사로 근무하러 가기를 권유하는 켄 의사의 제의를 자신 은 새로운 생활을 다시 시작할 마음이 없으며 이 곳을 떠난다면 "과거 에서 단절된 외로운 방랑자"(626)처럼 느낄 거라고 거부한다. 이 대답에 서 과거에 맺어진 관계들에 맹목적으로 집착하는 과거지향적이며 퇴행 적이기조차 한 매기의 태도를 엿볼 수 있다. 고로 톰이 대변하는 가치 와의 화해를 뜻하는 이 남매의 화해를 긍정할 수 없게 된다. 메어리 자 코버스(Mary Jacobus)도 이 점에 대해 이 소설의 결말에서 놀라운 것은 단지 갈등이 없어졌다는 사실이 아니라 그 갈등의 원인인 성적 차별이 없어진 것이라고 지적한바 있다.[34] "죽는 순간에 있어서 그들은 헤어지 지 않았다"(657)는 이 작품의 마지막 문장이자 묘비명도 핵심 단어인 '죽음'에서 주의를 분산시켜 그들의 불화가 죽음을 통해 치유되었음을 강조한다. 그러나 이 화해는 죽음을 통해서만 화해를 성취할 수 있는 그 사회의 현실을 상기시킴으로써, 오히려 그들이 살았을 때의 갈등과

---

34) 언어와 여성의 독서경험, 여성들의 글쓰기(women's writing) 등의 문제에 관심을 기 울이는 Jacobus는 마지막 문장이 남매의 불화를 치유하려 하지만, 이 작품은 전반 적으로 지배적 문화의 언어(maxims)와 이 언어를 파괴하려는 언어 간의 분리를 드 러낸다고 지적한다. Mary Jacobus, p. 75.이외에 F. B. Pinion, *A George Eliot Companion: Literary Achievement and Modern Significance* (London & Basingstoke: Macmillan, 1981), p. 111; Bonnie Zimmerman (1974), p. 98 참조.

불화를 역설적으로 강조할 따름이다. 작가는 이처럼 그들의 갈등의 근본 원인을 분명히 밝혀주지도 이 갈등을 근원적으로 해결하지도 않고, 매기가 그 사회의 성이데올로기에 대한 반항과 내면화 사이에서 진동하다가 개인적 차원의 화해를 얻는 것으로 처리한다. 이런 식의 처리는 작품의 전체적 흐름에 어긋나는 것으로서 철저하지 못한 작가의 여성문제 인식을 보여준다. 이 결말처리에 드러난 작가의 애매하고 회피적인 태도는 당대 중간계급 독신여성의 상황에 내포된 여성문제가 더욱 본격적인 쟁점이 되기 이전인 30년 전의 과거를 시대적 배경으로 설정하여 여성문제와의 전면적 대면을 피한 데서도 엿볼 수 있다.

이와 같이 1권에서 5권까지에서는 그들의 남매관계에서 매기가 겪는 갈등, 즉 매기의 강도 높은 반항의식과 여성에 대한 당대 사회의 요구에 순응하려는 만만치 않은 충동 사이의 갈등이 이 작품의 전체적 흐름뿐 아니라 엘리엇의 작품 중 가장 큰 진폭으로 울려온다. 그녀의 갈등에 대한 이러한 묘사는 그녀의 지적 동경이 좌절한 요인으로서 그 사회의 한계 및 중산계급 여성의 현실과 관련된 여성문제로서 탁월히 제시되며, 이 점에서 결말의 의미가 다소 모호하고 회피적인대로 이 작품이 이룩한 일정한 값진 성취를 찾아볼 수 있다. 또한 6, 7권에서 매기가 스티븐을 거부하는 행위는 중간계급의 여성문제가 본격적으로 제시될 가능성을 암시하지만, 홍수 속에서 남매가 화해하고 익사하는 결말부에서는 앞에서 제기된 여성문제가 사랑보다 의무를 택하는 매기의 선택이나 톰으로 대변되는 사회의 요구에 굴복하는 남매의 화해로 얼버무려져 이런 가능성이 충분히 탐구되지 못한다. 여주인공의 실패를 상징하는 로맨스 플롯의 죽음과 유사해 보이는 이 작품의 결말은 매기가 톰을 구하고 죽는다는 점에서 로맨스의 전통적인 결말처리에서 다소 진전한 면모를 보이지만, 남매의 갈등에서 제기된 여성문제를 감상적으로 얼버무리는 남매의 화해 때문에 매기의 패배로 보이는 면이 짙다. 이러한 이유로 1권에서 5권까지의 앞부분과 6, 7권의 뒷부분이 일종의 단층을 이루는 불일치의 일부 원인을 주로 6, 7권에 드러난 작가의 여성론적 인식의 한계와 관련하여 해명해 볼 수 있었으며, 여기서 올바른 여성론적 인식과 작품의 객관적 형상화 사이의 상관관계를 확인해 볼 수 있었다. 결말처리에 대한 작가 자신의 평가는 이후 여주인공이 아무도 죽지 않는다는 점에서 엿볼 수 있을 것이며, 이 점에서 여성문제에 대한 엘리엇의 인식이 진전되리라 기대해볼 수 있다.

3

〈플로스강의 물방앗간〉
―남매의 사랑과 갈등

1. 배경해설

엘리엇의 원작

1858년 조지 엘리엇(George Eliot)은 애덤 비드(Adam Bede)를 출판한 뒤, 곧 임시로 "누이 매기"(Sister Maggie)라는 새 소설에 착수하였다. 그녀는 편집자 블랙우드(Blackwood)가 플로스강의 물방앗간(The Mill on the Floss)이라는 제목을 제시하기 전, "털리버의 집"(The House of Tulliver), "털리버 가족"(The Tulliver Family), "털리버가"(The Tullivers) 등을 생각하였다. 그녀는 처음에는 물방앗간이 엄밀히 플로스강에 있지 않으며 플로스강이 적은 지류라는 연유에서 그 제목이 어색하다고 반대하였지만,

결국 그 제목을 유일한 대안으로 허락하였다.

1860년 3월 21일 책이 완성되자 남편 G. H.루이스(Lewis)와 함께 로마여행을 떠났던 그녀는 비평가의 우호적인 반응에 매우 만족했다. "우리가 수집할 수 있는 모든 곳에서 애덤 비드보다 물방앗간이 더 나은 작품으로 선정되었다." 즉 두 작품 다 엘리엇이 어린 시절부터 잘 알고 있는 워릭셔(Warwickshire) 지방을 배경으로 하고 있지만, 풍경보다 심리에 더 관심을 지닌 이 작품이 더 긍정적인 평가를 받게 된 것이다.

이런 과정을 거쳐 1860년에 출판된 플로스강의 물방앗간은 평자들의 통상적인 구분상 조지 엘리엇의 전기작에 속하는 자서전적 작품이다. 이 작품의 시간적 배경은 1829년에서 시작하여 약 8년간의 기간을 다루고 있다. 이 작품의 공간적 배경은 워릭셔 지방의 성 오그스(St. Ogg's) 마을에 있는 돌코트(Dorlcote) 물방앗간과 그 주변을 중심으로 전개된다. 성 오그스라는 마을 이름은 뱃사공 오그(Ogg)에 관한 전설에서 유래한다. 이 전설은 과거 심한 홍수 때 아이를 안고 있는 여자의 간청대로 강을 건네주어 성모 마리아의 축복을 받고 수호성인이 된 뱃사공 오그에 관한 얘기다. 이 전설에서 과거의 성 오그스 사회는 인간에 대한 따스한 인정이 살아있던 곳으로 암시된다. 아울러 홍수에 관한 이 전설은 강가에서 천방지축으로 뛰어 다니는 매기의 얌전하지 못한 행동에 걱정을 금하지 못하는 털리버 부인의 반복되는 얘기 및 물방앗간과 더불어 홍수 속에서 익사하는 톰과 매기의 죽음을 암시해준다.

또한 이 작품의 주요 배경으로서 도슨(Dodson)가와 털리버(Tulliver)가의 대조적인 특성을 살펴볼 필요가 있다. 작가는 도슨가와 털리버가의 생활을 지켜볼 때 독자와 더불어 숨 막힐 듯 편협한 느낌을 받게 된다고 언급한다. 먼저 도슨가의 종교는 "관습적이고 신분이 높은 것이라면 무엇이나 존중하는 것"[1]이라 언급됨으로써, 편협하고 관습적인 이 집안의 한계가 드러난다. 그러나 그들은 실질적인 미덕도 아울러 지니고 있다.

가령 그들은 가문의 명예를 "철저한 성실과 철저하게 일하는 것, 그리고 인가된 규율에 충실한 것"(364)과 동일시하는 건전한 자부심을 갖고 있으며, 도슨가 여성들은 버터와 밀죽을 잘 만들며 그걸 잘못 만들면 망신이라 여긴다. 매기의 이모부와 이모들, 즉 젠틀맨 계층의 농부인 풀레 부부(Mr. & Mrs Pullet), 은퇴한 양털상인 글레그 부부(Mr. & Mrs Glegg), 새로운 산업자본주의 세계에서 재빠르게 출세하는 미래지향적 활동가인 딘 부부(Mr. & Mrs Deane)를 통해 암시되듯, 편협하지만 실질적인 미덕을 지닌 도슨가의 사람들은 대체로 현실에 잘 적응하고 있다. 반면에 털리버가는 너그럽고 따뜻한 애정을 지니고 있지만, 성급하고 충동적이며 신중하지 못한 "다혈질적인 혈통"(365) 탓에 현실에 잘 적응하지 못한다.

비현실적인 성격 탓에 가난한 농부와 결혼하여 많은 자녀들의 양육과 가사노동의 짐을 짊어지고 있지만 따뜻한 마음씨를 지닌 매기(Maggie)의 고모 그리티 모스(Gritty Moss) 역시 털리버가의 특성을 드러내준다. 톰(Tom)과 매기는 두 가문의 대조적인 특성을 반영한다. 우선

---

1) Eliot, George. *The Mill on the Floss*. Penguin Books: Harmondsworth, 1979. 이제부터 나오는 본문의 인용은 이 판에 의거하여 면수만 표기하기로 한다. p.364.

매기는 아버지인 털리버가의 혈통을 이어받아 천성적으로 따뜻한 마음씨를 갖고 있지만, 톰은 정직함과 부지런함, 검소함 등의 실질적 미덕과 "전통적인 의무나 예의"(364) 등의 관습을 중시하는 어머니 쪽 도슨가의 오만함을 물려받았다. 톰은 또한 "일반적 법칙"(628)으로 도덕적 판단을 내리고 자신의 판단이 잘못되었을 거라고 전혀 생각지 않는 "격언으로 사는 남성(the man of maxims)"(628), 즉 철저히 상상력과 융통성이 결여된 인물로 제시된다.

틱스톤의 영화

여러 차례 영화화된 제인 오스틴(Jane Austen)이나 브론테(Bronte) 자매, 디킨즈(Dickens), 하디(Hardy) 등 다른 빅토리아조 작가들과 달리, 이 작품에는 단지 몇 개의 판이 있을 뿐이다. 필자가 확인해 본 바로는 1915년과 1937년, 1995년과 1997년의 영화가 그것이다. 우선 1915년 영화는 유진 무어(Eugene Moore) 감독이 미국에서 제작한 흑백영화다. 각기 미뇽 앤더슨(Mignon Anderson)과 해리스 고돈(Harris Gordon)이 매기와 톰 역을 맡았다. 흥미로운 점은 무어 감독이 매기의 아버지 털리버 역을 맡아 감독이자 배우 역할을 했다는 점이다. 두 번째 1937년 작은 팀 웰란(Tim Whelan)의 감독으로 제임스 메이슨(James Mason)과 제럴딘 핏제럴드(Geraldine Fittzgerald)가 주연한 80분짜리 작품이며, 1995년 작은 헬렌 에드먼슨(Helen Edmundson)이 각색하고 낸시 메클러(Nancy Meckler)와 폴리 틸(Polly Teale)의 감독으로 "경험공유 극장"(Shared Experience Theatre)에서 제작된 2시간 30분짜리 작품이다. 주요 배우들로는 시므온

앤드류스(Simeon Andrews), 조나단 케익(Jonathan Cake), 시몬 콕스(Simon Cox),캐더린 앤-마리 더프(Catherine Anne-Marie Duff), 마이클 매터스(Michael Matus), 클라라 살라만(Clara Salaman), 헬렌 슐레싱어(Helen Schlesinger) 등이 있으며, 반항적이며 열정적인 매기 얘기에 심미적·신체적 연극성(theatricality)을 가미하였다. 마지막으로 휴 스토다트(Hugh Stoddart)가 각색하여 그레엄 틱스톤(Graham Theakston)이 감독하고 브라이언 이스트만(Brian Eastman)이 제작한 영화가 있다. 이 영화는 1997년 칸느 영화제에 출품되었으며, BBC/WGBH에서 TV의 걸작 영화(Masterpiece Theatre)용으로 제작되어 1997년 10월 12일 미국에서 처음 상연되었다. 최근 영화이므로 인터넷상의 평을 제외하면 출판된 영화평이나 자료가 거의 없지만 본고에서는 이 최신 영화를 살펴볼 것이다.

틱스톤 감독은 80, 90년대 주로 TV시리즈를 제작한 감독이며, 그의 다른 작품으로는 <어두운 방>(*The Dark Rooms*)(1999 TV), <빅>(*Vig*)(1998 TV), <바람 부는 도시에서의 행진>(*March in Windy City*)(1998, TV), <3각대>(*The Tripods*)(1984) 등이 있다. 영화배역을 살펴보면, 톰과 매기 역으로 이판 메러디스(Ifan Meredith)와 에밀리 왓슨(Emily Watson)이 주연을 맡았다. 그 외의 조연급 배역으로는 버나드 힐(Bernard Hill, 에드워드 털리버), 세릴 캠벨(Cheryl Campbell, 베씨 털리버), 제임스 프레인(James Frain, 필립 웨이컴), 제임스 베버-브라운(James Weber-Brown, 스티븐 게스트), 루시 위브라우(Lucy Whybrow, 루시 딘), 그리고 니콜라스 젝스(Nicholas Gecks, 웨이컴 법률가) 등이 있다. 영화 자체는 털리버가의 남매에 관한 몇 가지 비범한 통찰력 외에 별로 특이한 점이 없지만, 에

밀리 왓슨의 연기 때문에 주목받는다. BBC는 우리에게 재산과 복수, 명예의 회복에 관심있는 남자들과 주로 결혼을 생각하는 여자들의 평범한 영화를 제공하지만, 영화 이면에 숨어 있는 격렬한 감정에 주목하게 한다. 이런 이유로 매기 역을 훌륭히 소화해낸 왓슨의 연기가 없었다면 이 영화는 사라져 버렸을 거라는 평자도 있다. 그녀는 어떤 역에서나 지켜볼만 하다고 평가되는 연기파 배우로서 1967년 1월 14일에 영국 런던에서 태어났으며 영국 왕립 셰익스피어 극단 배우로 활동하던 중에 라스 폰 트리에 감독의 권유를 받고 <파도를 뚫고>(*Breaking the Waves*)(1996)로 스크린에 데뷔하였다. 이 작품에서 인상적인 베스 맥닐(Bess Mcneil) 역을 연기하여 아카데미 여우주연상 후보에 오르기도 했으며, 이 역으로 '뉴욕 영화 비평가상'과 '로스 엔젤레스 새 세대 영화 비평가상'뿐 아니라 '최고 여배우에게 수여되는 필릭스 상'을 수상하기도 했다. 그녀는 순수한 마스크와 뛰어난 심리연기 때문에 할리우드에서 빼놓을 수 없는 재목으로 평가받고 있다. 이 작품에서도 그녀의 표정과 탐색하는 듯한 눈은 자기희생과 자기 몰입이라는 매기의 모순된 측면을 잘 보여준다.

이밖에 후에 타이타닉(Titanic)호의 선장 역을 한 버나드 힐은 매기의 아버지로서 호연했으며 필립 역을 너무 감성적으로 하지 않은 제임스 프레인도 주목할 만하다. 프레인은 이 작품에서 왓슨과의 인연으로 <힐러리와 재키>(*Hilary and Jackie*)라는 작품에서 왓슨과 공연할 기회를 얻었다. 톰 역의 이판 메러디스는 원작을 잘 살리지 못 했다는 평가도 있지만, 그의 얼굴에서 풍기는 원한은 누이에 대한 기이한 집착과 혐오를 잘 암시해준다. 그들의 관계에서 매기가 톰의 지배에 희생된 희생자인지 둘 다 서로에게 집착하는 것은 아닌지 라는 질문이 제기된다. 결국 작가는 매기를 자신처럼 위선적인 가부장적 사회의 희생자로, 톰과 매기를 그런 사회를 공정하게 만들기 위한 희생자로 만든다. 스티븐 역의 제임스 베버-브라운은 상투적인 인물이 되었다. 풍자된 친척들, 즉 베씨의 세 자매와 남편들은 말없이 사라지며, 토마스 아 켐피스의 체념 같은 종교적 아이디어도 사라진다. 엘리엇의 다른 소설을 영화화한 걸작 영화의 6시간짜리 미니시리즈 <미들마치>(*Middlemarch* 1994)보다는 짧지만, 원래 펭귄 판으로 691면에 달하는 긴 장편이 120분짜리 영화로 길이가 대폭 줄어드는 과정에서 스토리 전개에 다소 무리가 있는 게 사실이다. BBC와 WGBH가 원작 엘리엇 소설을 일요일 밤 볼만한 2시간짜리 영화로 축소시키는 대신 불후의 명작으로 만들었더라면 하는 아쉬움이 남는다.

2. 작품분석

원작

이 작품의 서술구조는 작가가 플로스강 돌코트(Dorlcote) 물방앗간의 의자에 앉아 약 30년 전의 과거인 1829년을 회상하는 형식으로 되어 있다. 작가의 회상장면 이후에는 어린 시절부터 연대기순으로 진행된다. 작가 매기에게 적절한 거리감을 유지하지 못하고 여주인공에게 너무 밀착되어 객관적인 형상화에 성공하지 못했다고 비난받는 등(F. R. Leavis(1948) 55-57) 화자에 대해 의견이 분분하나, 이 소설의 화자를 작가 자신이 아니라 작가가 만들어낸 하나의 등장인물로 보는 방법이 있다.

이 소설의 주제는 가족의 의무와 개인의 욕망 사이에서 갈등하는 19세기 여성에 관한 멜로드라마라 요약되기도 하며, 이 작품 속에는 적어도 세 개의 이야기가 들어 있다. 즉 1) 물방앗간 주인 에드워드 털리버와 그의 자녀 톰과 매기에게 초점을 둔 편협한 시골에 대한 풍자, 2) 매기가 아버지의 최대 적인 웨이컴 아들과의 로맨스로 톰의 분노를 자아내는 로미오와 줄리엣(Romeo-&-Juliet) 이야기, 3) 매기가 예민한 꼽추 필립(그녀의 로미오)과 친한 친구이자 사촌인 루시의 애인 스티븐의 구애를 받는 로맨스가 그것이다. 이 모든 이야기가 이 책의 중심 상징인 플로스강을 따라 흘러간다. 이렇듯 많은 주제 중에서도 필자의 주관심사는 "여성의 열정과 남성의 억압"(Showalter(1977) 126)이다. 크게 두 부분, 즉 남매의 어린 시절과 성장, 매기와 스티븐의 관계를 그린 1권에서 5권까지의 앞부분과 톰과 화해한 뒤 익사하는 6, 7권의 뒷부분으로 나뉘는 원작의 소설구조를 간략히 살펴보자.

I) 먼저 1~5권까지의 전반부 중 1, 2권에서는 톰과 매기의 갈등이 핵심이다. 매기의 동경은 정서적·지적으로 더 풍요롭고 창조적인 삶을 이루려는 열망과 아버지와 오빠의 사랑과 인정을 받으려는 두 가지 욕구로 나뉠 수 있으며, 이 두 가지 지상과제 중 어느 것도 포기할 수 없다는 게 매기의 근본문제이다. 그 결과 매기는 지적 성취와 오빠의 사랑이라는 두 가지 욕구 사이에서 끊임없이 갈등을 겪는다.

어린 시절의 여러 일화들은 남매의 대조적인 성격으로 인한 연속적인 갈등 및 오빠의 사랑을 얻으려는 매기의 빈번한 좌절을 드러낸다. 그러므로 애정과 상처받고 소원한 관계 및 화해라는 어린 시절 남매관계의 패턴은 나아가 소설 전체의 패턴이 된다. 또한 1, 2권에서 주변인물들이 매기를 대하는 태도와 그녀가 받는 차등교육에서 남매에 대한 남녀차별이 반영된다. 우선 매기는 큰 키와 검은 피부, 검은 머리 등의 외양과 자신의 성 및 당대의 상식을 거부하는 영리하고 도전적이며 반항적인 성격 등 여러 면에서 전통적인 여주인공들과는 다르지만, 주변인들은 매기에게 빅토리아조 중간계급 여성의 전통적인 역할만을 기대한다. 예컨대 딸의 장래를 늘 걱정하는 엄마는 물론 사회적 통념에 매인 도슨가의 이모들은 반항적인 매기보다 순종적인 성격과 예쁜 곱슬머리 금발을 지닌 매기의 사촌 루시 딘(Lucy Deane)을 더 귀여워한다. 털리버 씨도 매기의 영리함을 자랑스럽게 여기는 한편으로, 딸의 장래를 근심함으로써 여성의 영리함을 위험시하는 통념에서 벗어나지 못한다. 매기와 톰이 받는 교육도 중산계급 남녀에 대한 차별을 보여준다. 털리버 씨가 톰이 다닐 학교를 정하기 위해 고심하는 1권의 상당부분과 스털링 씨(Mr. Sterling)의 학교교육(King's Lorton)을 다루는 2권의 거의 전권에서 톰의 교육이 상세히 묘사됨으로써 아들의 교육은 집안의 중대 관심사로 비중 있게 다루어지는 반면, 젊은 숙녀를 위한 퍼니스 양(Miss Firniss)의 기숙사 학교에서 받는 매기의 교육은 단 한 문장으로 처리된다(263). 또한 영리하고 상상력이 풍부한 그녀에게는 지적 발전과는 상관없는 순종과 자기희생만이 미덕으로 강요되는 반면, 톰에게는 남성위주의 고전교육이 주어진다. 이로써 이들이 받는 교육의 내용도 사회의 성차별을 명시해 준다.

제 3권과 5권에서는 지극히 야심만만하고 반항적이었던 매기가 거의 개종이라 할 만큼 순종적인 여성으로 변화되는 모습이 그려진다. 이러한 매기의 변화는 털리버 씨가 법률가 웨이컴과의 소송에 패배하여 물방앗간을 빼앗기는 집안의 파산 및 이 파산 이후의 정신적·물질적 결핍감에서 비롯된 것이다. 아버지와 오빠는 웨이컴에게 복수하기 위해 경제 활동에 몰두하여 그녀에게 더욱 무심해졌을 뿐 아니라, 파산으로 인한 극도의 내핍은 그녀의 물질적 결핍감을 증폭시킨다. 이러한 결핍감은 "가장 멋지고 가장 훌륭한"(381)것을 동경하기 때문에 다른 사람들보다 "더 큰 결핍"(381)을 느끼는 그녀의 성격 탓이기도 하지만, 여성이자 국외자를 일종의 바리새인처럼 용납치 않는 편협한 시골 사회와도 관련된 것이다.

그녀는 이 결핍감 때문에 "갇힌 열정이 화산처럼 올라오는"(387) 분노의 정점에 도달하게 된다. 그녀는 무력감과 결핍감, 격렬한 분노를 야기하는 현실의 타개책으로 찾아낸 "현실과 책들, 그리고 공상이라는 세 겹의 세계"(367)에서 위로를 얻지 못한다. 그녀는 토마스 아 켐피스(Thomas à Kempis)의 『그리스도 닮기』(*The Imitation of Christ*)를 읽고 자기체념과 자기부정에 의거하여 자기 삶의 한계를 기꺼이 받아들이려 한다. 심오한 종교적 차원의 체념을 설교하는 이 교훈은 그녀로 하여금 자신을 부정하게 만들고 여성의 한계에서 벗어나려는 성취욕을 지나친 이기적 욕망으로 간주하게 한다.

이와 같이 켐피스의 철학은 매기가 어린 시절의 반항과 양보중에서 후자로 기울게 하는 여성순화의 도구가 되며, 당대 사회가 주입하려 했던 성이데올로기를 내면화하여 양보와 순종을 오히려 적극적인 가치로 수용하는 하나의 전환점이 된다.

II) 이제 6, 7권의 핵심문제이자 논란이 분분한 매기와 스티븐의 관계 및 결말을 살펴보자. 먼저 중간계급 중에서도 하층(lower-middle-class)에 속한 매기가 스티븐에게 이끌리는 것에는 그들이 만나는 시기와 그녀가 당시 겪고 있던 극심한 정신적·물질적 결핍감, 그리고 성적 이끌림이 크게 작용한다. 가령 루시의 비공식적 약혼자인 스티븐과 매기가 만나는 시점은 아버지가 죽은 뒤 갔던 2년간의 교사 생활에서(17-19세) 그녀가 막 돌아온 직후로 되어 있다. 그녀의 학교생활은 그녀의 정서적·신체적 결핍감을 가중시키는 고달픈 것이었다. 매기는 켐피스의 철학과 고달픈 교사생활에 자족하던 수년간의 단념 끝에 필립이 경고한 대로 욕망과 동경이 되돌아온 상태에 놓이게 된다. 잠시 머물고 있는 루시의 집에서 풍족한 유한여성의 자유로운 생활을 맛본 매기는 이렇듯 변화된 환경에서 신체적인 매력과 넉넉한 부를 지닌 스티븐에게 이끌리며, 스티븐도 매기에게 강하게 이끌린다. 더욱이 그들의 관계에는 매기가 필립과의 관계에서 충족시키지 못했던 성적 이끌림-그녀에게는 아주 새로운 경험인-이 개입한다. 필립과 매기를 맺어주려는 루시의 주선으로 강가 마을에서 루시를 만나기로 했던 매기는 겹친 우연으로 스티븐과 단 둘이서만 배를 타고 마을을 떠났다가 5일 만에 돌아오게 된다. 그녀는 이 사건으로 마을 사람들의 오해와 비난을 받지만, 스코틀랜드로 도망하여 결혼하자는 스티븐의 청혼을 톰과 루시, 필립 등과 과거에 맺은 관계에 충실하기 위해 거부한다.

이 작품의 결말은 재차 구혼하는 스티븐의 편지를 받고 갈등하던 매기가 그날 밤 갑작스레 닥친 홍수에서 물방앗간에 혼자 있던 톰을 구하고 그와 잠시 화해한 다음 남매가 손을 잡고 함께 익사하는 것으로 처리되어 있다. 갈등도 많았지만 밀접한 애정으로 결합된 두 남매를 쓸어가 버리는 홍수라는 결말은 "매기는 언젠가 넘어지고 말 거야"(60)라는 후렴처럼 반복되던 털리버 부인의 말이나, 주기적으로 닥쳐오는 홍수에 대한 많은 예고, 성 오그스 사회의 전설, 그리고 마녀의 이야기 등을 통해 꾸준히 준비되어 왔다. 그러나 이 결말은 매기가 과연 살았다면 스티븐을 거절했을지 알 수 없는 처리이므로, 작가가 매기의 문제를 임의적으로 홍수로 매듭지었다는 인상을 준다. 이러한 연유로 헨리 제임스(Henry James)는 이 결말을 멜로드라마라 비난한 바 있다.

어쨌거나 남매는 "작은 손을 꼭 잡고 데이지꽃이 만발한 들판을 함께 돌아다니던 시절, 그 좋았던 시절"(655)로 다시 돌아가 꼭 끌어안은 채 익사하는 것으로 묘사된다. 이 작품의 마지막 문장이자 묘비명인 "죽는 순간에 있어서 그들은 헤어지지 않았다"(657)는 그들이 살았을 때처럼 죽어서도 헤어지지 않았음을 강조한다. 또한 "결론"에서는 5년 뒤에도 여전히 톰과 매기의 무덤을 방문하는 스티븐과 필립의 모습, 그리고 더 세월이 흐른 뒤 이루어진 루시와 스티븐의 결혼이 암시된다.

3. 영화

영화의 서사는 원작과는 달리 화자가 의자에 앉아 회고하는 장면을 생략한 채 매기가 배 위에 누워 있는 장면으로 시작된다. 홍수 속에 떠다니는 큰 나무 등을 보여주는 이 첫 장면은 매기가 익사하는 결말을 암시한다. 배를 탄 매기가 강가에 서 있는 주요 인물들에게 "미안"하다고 외칠 때 수차가 클로즈업된다. 이 장면으로부터 다시 어린 시절로 돌아가 홍수 속에서 익사하는 모습까지 그림으로써, 첫 장면과 마지막 장면이 오버랩(overlap)되는 구조를 갖고 있다. 그러므로 첫 장면을 제외하면 영화는 원작과 같이 연대기적 순서로 진행되고 있다.

한 가지 주목할 점은 중요한 변화와 고비의 순간마다 수차를 클로즈업(close-up)한다는 점이다. 가령 1, 2권의 어린 시절(나무 위에서 남매가 함께 내려오는 것으로 황금 시절의 종말을 암시하는)에서 7년 뒤인 3권으로 넘어갈 때처럼 세월의 흐름을 표시할 때 수차를 보여준다. 그리고 약 300년간 털리버가의 소유였던 물방앗간이 웨이컴에게 넘어가 주인이 바뀌어 털리버가가 물방앗간을 떠나야 할 때나 털리버씨가 죽기 전에도 정지된 수차를 보여준다. 이처럼 영화에서는 강과 더불어 이 작품의 중심적 상징인 물방앗간의 이미지를 십분 활용하고 있다.

영화에서는 어린 시절의 중요 일화들이 대부분 짤막하게나마 충실히 재현되고 있다. 죽은 토끼 일화와 스털링의 학교 장면, 일가친척이 모인 자리에서 톰의 교육문제를 논의하는 장면, 매기가 충동적으로 머리를 자르는 장면, 스털링의 학교에서 아버지의 적인 웨이컴의 아들이

자 예민한 꼽추 필립과 만나는 장면 등을 통해 남매의 대조적 성격과 그로 인한 갈등, 그리고 남녀차별이 비교적 충실히 재현된다. 한 가지 아쉬운 점은 중산계급 남녀의 다른 역할을 강조하는 남녀차별이 충분히 부각되지 않은 점이다. 예를 들면 매기가 톰보다 더 영리하고 상상력이 풍부하다는 점이나 더 넓고 고귀한 삶에 대한 매기의 열렬한 동경과 성취욕이 별로 부각되지 않는다. 원작에서 상당한 비중을 갖고 다루어진 톰의 교육과 매기의 교육 간의 대조, 그리고 "여자 애들이 피상적으로는 매우 영리하지만, 어느 것도 깊이 배우진 못해"(220-21)라는 스털링 선생의 남녀차별적인 발언도 생략되었다. 뿐만 아니라 반항적이던 매기가 욕망 자체를 포기하면 실망할 일도 없다는 식으로 순종을 내면화하는 극단적인 변화가 그려지나, 그 변화의 계기-켐피스의 철학과 매기의 극심한 결핍감 등-가 무엇인지 분명히 밝혀지지 않는다. 다만 아쉬운 대로 남녀차별을 보여주는 대사가 나오기는 한다. 가령 영화가 시작되기 전에 해설자의 해설을 통해 매기가 민감하고 상상력이 풍부하며 영리한 여성이라는 점이 설명되며, 스털링 학교에서 매기가 커서 똑똑한 여성이 되겠다고 말하자 톰이 그렇게 되면 잰 체하는 사람(big-head)이 되어 모두 싫어할 거라고 말하는 등 남매의 몇몇 대화에서 남녀차별이 암시된다. 이는 감독이 이런 문제를 중요 쟁점으로 간파하지 못했기 때문이라 짐작된다.

7년 뒤 매기가 성장한 뒤 그녀의 결핍감은 아버지의 파산 때문에 더욱 강화된다. 톰에게 성경에 손을 얹고 복수를 맹세케 한 아버지의 영향으로 매기에게 필립과의 만남을 금지한 톰과, 오빠의 반대에도 불구하고 레드 딥스(Red Deeps)에서 필립을 만나는 매기의 갈등을 통해 남매의 불화가 심화되었음을 알 수 있다. 매기가 머리를 자르는 일화나 죽은 토끼 일화 등을 통해 남매간의 간략한 대화 속에 핵심적인 대사를 집어넣으려 노력한 결과, 영화에서도 남매간의 갈등은 대체로 잘 부각된다.

다시 1년 뒤 매기와 스티븐의 관계에서는 원작에서 살펴본 바 있는 그들의 이끌림에 큰 영향을 미치는 그들이 만나는 시점 및 매기의 결핍감보다 주로 성적 이끌림이 강조된다. 즉 매기가 가정교사 생활을 했다는 점이나 그들이 만나는 시점이 매기가 가정교사 생활에서 돌아온 직후라는 사실이 분명히 밝혀지지 않는다. 손끝의 떨림이나 서로 끌리는 그들의 강렬한 시선, 지나가다 들른 스티븐의 등장에 바느질하던 매기와 스티븐이 서로 당황하는 모습, 파티에서 서로의 존재를 강력히 의식하는 것, 무도회에서 스티븐이 매기에게 키스하려 하는 것, 자기 감정을 드러내자 화를 낸 매기를 따라 고모 집까지 방문한 스티븐의 모습 등에서 주로 신체적 면이 강조된다. 이처럼 고귀한 삶을 동경하던 매기가 극심한 결핍감 때문에 루시가 맛보게 해준 넉넉한 유한계급 여성의 삶, 즉 아무것도 하지 않는 달콤한 나날들에 자기도 모르게 이끌리는 면면이 섬세히 조명되지 않는다.

결말부에서 매기는 다시 청혼하는 스티븐의 편지를 불태운 뒤 홍수 속에서 노를 저어 톰을 구하러 가 화해한 뒤 풀린 밧줄에 묶여 익사하는 톰과 더불어 죽는다. 그들의 화해는 톰이 예전처럼 매기를 "맥지"(Magsie)라고 부르는 것으로 상징된다. 이런 결말은 원작과는 다소 다른 결말이다. 원작에서는 물방앗간에 혼자 있던 톰을 구하고 화해한 다음 루시를 구하러 가다 강에 떠다니는 거대한 "목재 기계"에 부딪쳐 남매가 손잡은 채 익사하는 것으로 되어 있다. 그뿐 아니라 원작의 마지막 장면은 남매가 손잡고 익사하는 것으로 되어 있는데, 이는 남매의 화해를 상징하는 중요한 장면이다. 그러나 영화에서는 남매가 손을 잡았다가 놓은 채 익사한다. 또한 어린 시절 "데이지꽃이 만발하여 하늘거리는 들판을 함께 돌아다니던 시절"(655)로 돌아가는 원작의 마지막 장면과는 달리, 영화에서는 나무에서 남매가 같이 내려와 손잡고 걸어가는 앞의 장면으로 처리되어 있다. 데이지꽃이 만발한 들판을 클로즈업한다면 영화로 만들었을 때 영상미와 시각적 이미지가 충분히 돋보일 수 있었을 텐데, 틱스톤 감독의 상상력이 여기까지 미치지 않아 이 장면의 효과를 충분히 살리지 못한 점이 매우 아쉽다. 아울러 영화에서는 생략된 매기가 스티븐을 거부하는 이유—과거의 유대 중시— 및 이 선택에 함축된 복합적인 의미가 분명하게 전달되지 않는다.

4. 엘리엇 원작과 영화의 스타일

원작에서는 엘리엇의 유명한 산문, 즉 장황하지만 잘 정돈된 산문으로 영국 중부 워릭셔 지방의 자연과 시골생활을 잘 묘사하고 있다. 예컨대 성 오그스 마을의 전설과 마녀 이야기, 도슨가와 털리버가의 대조, 그리고 물방앗간 주인이 바뀌면 불행한 일이 일어난다는 미신 등이 그

것이다. 뿐만 아니라 엘리엇은 외부 환경과 정신이 미치는 영향을 기술적으로 결합하여 정확한 세부사항과 섬세한 문체로 인물들의 내면심리와 인물간의 긴장을 잘 그리고 있다. 다시 말해 작가는 인간의 열정이나 행동을 예리하게 통찰하여 그 뒤에 숨어 있는 동기를 섬세하게 분석하고 있다. 소설에서 빠른 전개를 기대하는 현대 독자들에게는 이런 분석들, 즉 1, 2권의 어린 시절 자서전적 일화들이나 3, 4권의 진행이 너무 지루하고 느리며 불필요해 보일 수도 있다. 그러나 이런 정교한 설명은 톰과 매기를 비롯한 주요 인물들의 성격이 형성된 배경을 보여주려는 작가의 계획에 따른 것으로 이 작품의 주요 매력 중 하나이기도 하다.

영화에서는 이렇게 예리하고도 복잡한 심리묘사와 산문이 살아나기 어렵다. 틱스톤과 스토다트는 원작의 중요 부분, 즉 톰과 매기간의 갈등에 관한 한 원문의 중요 대사를 거의 살려 소기의 성과를 거두고 있다. 예를 들면 어린 시절의 대사들, 특히 헝겊조각을 이어붙이는 퀼트(patchwork)가 어리석은 일이라 분개하는 매기의 발언이나, 똑똑한 여자애는 꼬리 긴 양이나 마찬가지로 별로 쓸모가 없다는 털리버 씨의 말 (66), 죽은 토끼 일화에서 사랑하지 않는다고 말하며 변명할 기회도 주지 않는 오빠를 그래도 사랑한다는 매기의 말, 아버지의 파산 후 필립과의 만남을 허락 받으러 온 매기가 필립과의 만남에 반대하는 톰에게 오빠가 일처리를 잘할 수 있었던 것은 힘을 가진 남자이기 때문이라고 반박하는 것, 스티븐과 떠났던 매기가 5일 만에 돌아오자 "넌 항상 극단적"이었다는 톰의 비난 등이 있다. 특히 스티븐과의 관계에 대한 오해는 지금 보면 매우 진부한 문제이나, 아직도 현재성을 갖는 남매간의 애증, 억압된 근친상간적 욕망, 의무와 애정간의 갈등 등은 매우 잘 그려졌다. 그러므로 빅토리아 시대의 소설을 20세기 후반에 영화화한 작품을 평할 때는 시대적인 격차, 즉 19세기와 20세기 간의 관심과 흥미의 변화를 염두에 두고 작품과 영화를 비교해야 할 것이다.

한편 최근 영화답게 음악도 효과적으로 이용하고 있다. 가령 수차가 나올 때마다 같은 음악이 반복되어 수차의 이미지가 강조하고 있으며, 스털링의 학교에서 필립이 매기에게 불러주던 노래를 7년 뒤 다시 불러주게 함으로써 그들의 관계 진전을 효과적으로 암시하기도 한다.

그러나 스토다트의 각색과정에서 어쩔 수 없는 당연한 결과로서 원작의 장점인 심리묘사와 도덕적 사색, 그리고 인물, 특히 매기와 톰의 복잡성이 대폭 증발하였다. 가령 톰은 가문의 명예와 돌코트 물방앗간을 되찾기 위해 23세에 게스트 회사의 동업자가 될 정도로 연애나 결혼 등 모든 것을 희생하고 일에 몰두하는 미덕과 매기에 대한 관용적 사랑도 어느 정도 간직하고 있지만, 스티븐과 도망했다고 오해했을 때 매기를 바리새인이라 비난하고 매기가 돌아오자 "여기 네 집은 없어. 네 행동－네 속임수－은 내게 혐오스러워. 널 보기만 해도 역겨워."라고 냉정하게 쫓아낼 정도로 가혹하기만 한 인물로 그려져 있다. 매기의 심리는 더 복잡하다. 매기는 정신적 동경으로 인해 필립에게 이끌리며, 육체적으로는 스티븐에게 이끌리고 있지만, 영화에서는 단지 충동적이며 무책임한 여성으로 보일 가능성이 많다. 스티븐을 거부하는 문제도 복잡미묘한 문제인데, 자세한 전후사정이 배제된 채 제시되어 있다. 이와 더불어 "산업주의 이전"인 원작의 시대적 배경, 즉 매기의 어린 시절 러다

이트(Luddites)로 시작된 혁명에의 반대 등 열띤 논쟁의 시대에 포함된 다양한 의미 및 스티븐이 누리는 사치스러움이나 그의 댄디 행세와 아버지 공장 노동자들의 비참한 현실과의 대비에 함축된 신흥 부르주아 계급의 사회적 무책임과 이기심에 대한 작가의 간접적 비판이 생략되었다. 그리고 길이상의 군더더기를 없애려는 배려로 짐작되긴 하나 활기 있고 흥미로운 인물인 밥 제이킨(Bob Jakin)도 사라졌다. 원작에 들어 있는 이런 여러 겹의 의미가 영화에서는 그대로 재현되긴 어렵겠지만, 애석한 일이다.

인터넷상 몇몇 관객의 평처럼 결론은 당연히 책이 영화보다 낫다는 것이다. 왓슨 외 다른 배역진의 강력한 연기에도 불구하고, 이 영화가 엘리엇의 풍부한 산문과 경쟁할 수 없으므로 왓슨의 팬이나 엘리엇 학자가 아니라면 실망할 것이라고 극단적으로 C등급을 매긴 평자도 있다. 이런 극단적인 평도 있지만 원작의 분위기를 대체로 잘 전해주고 있으므로 책과 병행하여 수업에 활용한다면 매우 효과적일 것으로 기대된다.

앞부분과 뒷부분의 불일치 문제

이 작품에서 가장 중요한 문제는 1권에서 5권까지의 앞부분과 6, 7권의 뒷부분이 적절한 균형을 이루지 못한다는 점이다. 많은 평자들은 톰과 매기 두 남매의 성장과정과 매기의 성격을 드러내는 사건들, 그리고 도슨가와 털리버가의 생활을 묘사하는 1권에서 5권까지의 앞부분에 대해서는 잘 되었다고 칭찬을 아끼지 않지만, 매기와 스티븐 게스트의 관계 및 남매의 비극적 결말을 그린 6, 7권의 뒷부분에 대해서는 옹호하거나 비판하는 등 서로 엇갈린 견해를 보이고 있다. 작가 자신도 "서사시적인 넓이"를 보여주는 앞부분에 비해 뒷부분은 상대적으로 짧고 서둘러 진행되었음을 인정하고 있다(*Letters* III 317-18, 374).

구체적으로 1권에서 5권까지 그들의 남매관계에서 매기가 겪는 갈등, 즉 매기의 강도 높은 반항의식과 여성에 대한 당대 사회의 요구에 순응하려는 충동 사이의 갈등이 엘리엇의 작품 중 가장 큰 진폭으로 울려온다. 이러한 묘사는 그녀의 지적 동경이 좌절한 요인으로서 그 사회의 한계 및 중산계급 여성의 현실과 관련된 여성문제로서 탁월히 제시되며, 이 점에서 결말의 의미가 다소 모호하고 회피적이긴 하나 이 작품이 이룩한 값진 성취를 찾아볼 수 있다. 또한 6, 7권에서 매기가 스티븐을 거부하는 행위는 중간계급의 여성문제가 본격적으로 제시될 가능성을 암시하지만, 홍수 속에서 남매가 화해하고 익사하는 결말부에서는 앞에서 제기된 여성문제가 사랑보다 의무를 택하는 매기의 선택이나 남매의 화해로 얼버무려져 이런 가능성이 충분히 탐구되지 못한다. 여주인공의 실패를 상징하는 로맨스 플롯의 죽음과 유사해 보이는 이 작품의 결말은 매기가 톰을 구하고 죽는다는 점에서 로맨스의 전통적인 결말처리에서 다소 진전한 면모를 보이지만, 남매의 갈등에서 제기된 문제를 감상적으로 얼버무리는 남매의 화해 때문에 매기의 패배로 보이는 면이 짙다.

그 이유에 대해 여러 가지 분석이 있을 수 있겠지만, 필자는 1권에서 5권까지의 앞부분과 6, 7권의 뒷부분이 일종의 단층을 이루는 일부 원인이 주로 6, 7권에 드러난 작가의 여성론적 인식과 상관관계가 있다고 분석한 바 있다.

성장소설과의 상이점

이 작품은 어린 시절의 많은 일화를 통해 남매의 성장을 상세히 보여준다는 점에서는 남매의 성장소설이라 평가된다. 가령 이 작품을 '두 개의 성장소설', 혹은 '남녀 각각의 성장소설'(male-female double Bildungsroman)이라 지적한 평자도 있다(McDonnell 382; Goodman 31,42).

   그러나 이 소설은 몇 가지 점에서, 특히 어린 시절 남녀의 성(gender)이 어떻게 형성되며 비슷한 환경에서 남매가 어떻게 다르게 성장하는가, 특히 강렬한 지적 동경을 지닌 매기가 어떻게 좌절하게 되는가 하는 점을 보여준다는 점에서는 여느 성장소설과 다르다. 구체적으로 남매에게는 다른 역할이 기대된다. 집안의 파산 이후 톰에게는 집안의 빚을 갚도록 일자리를 얻는 것이 기대되며 매기에게는 어머니와 더불어 집에 얌전히 있는 것이 권장된다. 또한 딘 이모부의 회사에서 근면하게 일하고 밥 제이킨과 동업하여 크게 이익을 남기자 친척들에게 인정받는 톰과는 달리, 오빠보다 더 영리하나 제대로 정식교육을 받지 못한 매기는 경제적 기생자에 불과한 자신에게 무력감을 느끼며 동시에 자신감을 잃는다. 이런 연유로 이 작품은 좌절된 성장소설이라 할 수 있다. 이런 점에서 이 작품의 주제는 "편협하고 압제적인 사회에 사는 영리한 한 젊은 여성의 이루지 못한 동경"(Showalter(1977) 125)에 대한 공감적 이해라 할 수 있다.

페미니즘 관점의 해석

매기는 남다른 지적 욕망과 성취욕을 갖고 있으며, 이 욕망이 좌절되자 격렬한 분노를 느낀다. 특히 이 분노의 묘사, 예컨대 용암처럼 흘러넘치는 "분노와 증오의 발작"(380) 및 활력 있고 매력적이었던 소녀에서 체념과 포기, 순종을 내면화하는 매기의 극단적인 변화 때문에 이 작품이 20세기 페미니즘 비평에서 새롭게 조명되고 높이 평가되고 있다. 아울러 이 극단적 변화는 매기같이 반항적인 여성에게조차 지대한 영향을 미치는 당대 성이데올로기를 반영해준다는 점에서 이 작품은 1980년대 이후 페미니즘 관점에서 흥미로운 연구 대상으로 다각도로 분석되어 왔다.

스티븐과의 관계 평가

6, 7권의 핵심문제 중 하나인 매기와 스티븐의 관계 및 그녀의 스티븐 거부는 설득력 있게 형상화되지 못했다고 비판을 받아 왔다. 이 불만은 주로 스티븐이라는 인물에게 독자가 아쉬움을 느낀다는 점과 매기가 스티븐을 거부하는 행위를 작가가 모호하게 처리했다는 점에 집중된다. 먼저 스티븐이라는 인물이 고귀한 삶을 동경하는 매기에게 걸맞지 않는 인물이라는 점에서 매기가 스티븐과 맺는 관계는 많은 평자들의 불만을 초래해 왔다. 가령 리비스(Leavis)와 레즐리 스티븐(Leslie Stephen)은 비난하는 입장이다(F. R. Leavis 40; Stephen 104). 한편 베넷(Bennett)은 부족한 스티븐이 매기의 영향 하에 훌륭하게 변모되는 것을 그리려 하였다고 언급함으로써, 하이트(Haight)와 함께 스티븐과 매기의 관계를 변

호하는 입장이다(Bennett 77-101). 이러한 입장에서는 스티븐이 저급하지도 조잡하지도 않을뿐더러, 필립에 대한 연민에도 불구하고 느낄 수 없었던 성적 반응을 매기에게 일으키는 연인이라 옹호된다.

또한 매기의 거부에 대해 이 거부를 도덕적 성숙으로 보는 입장과 문제로부터의 도피로 보는 입장이 있다. 예컨대 데일(Thale)은 매기의 포기를 도피로 보는 반면, 레빈(Levine)이나 하간(Hagan), 서트핀(Sutphin)은 긍정적으로 본다(Thale 52; Levine 117; 346. 이외에 이 찬반의 논의를 정리한 Hagan 52-57의 논의 참조). 같은 문제를 두고 이렇게 다른 견해가 생겨나는 가장 근본적인 원인은 매기가 스티븐에게 이끌리는 것을 당연한 것으로 제시하던 작가가 곧 매기가 스티븐을 거부하는 행위를 바람직한 도덕적 결단으로 암시함으로써, 작가의 관점 자체에 일관성이 없기 때문이다.

매기와 스티븐의 관계 및 스티븐의 거부라는 두 가지 문제는 서로 연관된 문제이다. 그러므로 매기가 스티븐을 거부하는 이유를 밝히기 위해 스티븐이 과연 매기에게 적합한 인물인지 생각해보지 않을 수 없다. 빅토리아조의 "우아하고 향기로운" 댄디를 대변하는 부르주아 계급의 그에게는 여성이 안고 있는 강아지를 가위로 괴롭히거나 "그의 커다란 흰 손으로 자신의 머리카락을 자기도취에 빠져 쓰다듬는"(351) 일보다 더 중요한 일은 없는 듯하다. 그가 "다이아몬드 반지를 끼고 장미유를 바르고 낮 12시에 태연하게 한가한 태도"(469)를 지닐 수 있는 것은 성 오그스에서 가장 큰 제유공장 게스트 회사(Guest & Co.)와 부두를 소유했기 때문이다. 레즐리 스티븐(Leslie Stephen)은 매기가 "옷치장에 정신 팔린 전형적인 시골 댄디"이자 "저급한 인물"인 스티븐에게 끌려 자신을 던진다고 보며 그의 딸인 버지니아 울프도 레즐리의 판단을 반복한다. F. R. 리비스(Leavis)는 남성 묘사시 엘리엇의 전반적인 한계와 결부시켜 스티븐의 묘사가 일반적으로 평가되는 것보다 더 치명적인 작가의 실패라 지적한다(Stephen 97-104; Leavis 53-54). 이 지적처럼 스티븐은 "아름답고 즐거운 모든 것을 열렬히 동경"(320)하는 매기와는 달리 고귀한 정신을 결여한 인물이다. 즉 스티븐은 "충만한 삶"을 원하는 매기의 자아성취를 도와줄 배우자가 못된다. 그러므로 매기가 그의 인물 됨이나 그가 대변하는 가치에 비추어 그를 거부하는 것은 당연하다.

작가는 매기의 거부를 사랑이나 개인의 행복보다 과거의 유대와 도덕적 의무를 택하는 것으로, 즉 순종이나 의무, 체념 등 당대 사회의 통념을 받아들이는 것으로 제시한다. 그러나 다른 한편 매기의 사랑과 의무를 양립할 수 없는 것으로 규정짓고 그녀가 의무에 맹목적으로 집착하는 것처럼 제시되기도 한다. 이 문제는 스티븐이라는 인물과 그녀의 거부에 함축된 의무와 관련하여 반드시 한번 숙고해 보아야 할 것이다.

결말에 대한 논쟁

이 작품의 결말은 매기가 홍수에서 톰과 함께 익사하는 것으로 되어있다. 홍수라는 결말이 꾸준히 준비되어 왔지만, 작가가 매기의 열망을 계속 존속시킬 수도 해결할 수도 없는 딜레마에 처하여 이제껏 제기해온 매기의 문제를 우연히 닥친 홍수로 임의적으로 중단해버렸다는 인상을 준다. 아울러 인습적인 관습에 과감하게 도전했던 엘리엇의 생애와 관련하여 익사라는 결말이 비판되기도 한다(이 결말에 대한 부정적 의견에 대해 Leavis 46; Henry James, "The Novels of George Eliot", A Century of George Eliot Criticism 52; Allen(1954) 227; (1964) 115-17 참조). 빅토리아 사회에서 자신의 열망을 보존할 공간을 발견하지 못한 매기의 죽음은 성적·사회적 실패로 해석되기도 한다.

그러나 이 결말에서 매기에게 톰을 구조하는 우월한 위치가 잠시 허용되며 그와 화해하고 죽기 때문에 이 죽음은 완전한 실패를 상징하는 로맨스의 죽음과는 다른 면이 있다. 그러므로 페미니즘 평자들은 매기가 자신의 진정한 가치를 톰에게 인식시켰다는 점에서 이제껏 이 결말의 긍정적 의미를 읽어낸 평자들과는 다른 이유, 즉 매기가 오빠인 톰을 구조했다는 사실과 목숨을 건 구조행위로 말미암아 이들 남매의 화해가 이루어졌다는 점을 높이 평가한다. 가령 매기가 홍수가 닥치자 비가 퍼붓는 밤에 혼자 보트를 저어 물방앗간에 있는 톰을 구하는 등 홍수에 적극적으로 대처하는 매기의 모습은 이런 긍정적 해석을 뒷받침해준다. 이런 연유로 길버트(Gilbert)와 구바(Gubar), 메린 윌리엄즈 (Merryn Williams), 비어(Beer) 등의 페미니즘 평자들은 톰을 구조하는 매기의 구조행위와 이 장면에서 매기에게 잠시 허용된 우월한 위치에 큰 의미를 부여하여 이 구조행위를 매기가 톰에게 거둔 일종의 승리를 상징하는 것으로, 그리고 남매의 화해 뒤에 그녀의 분노 및 적극적인 복수가 숨어 있다고 해석한다(Bushnell 378-95; Beer(1986) 90; Gilbert and Gubar(1979) 493-94; Williams 144). 이외에 이 결말에 감춰진 매기의 강력한 분노를 지적한 Emery 24-26; Hagan 62; Ermarth 599; Auerbach(1975)

165 참조). 이런 해석들은 매기의 구조행위와 익사의 양면을 균형 있게 고려하기보다 구조행위 자체에 과도한 의미를 부여하는 경향이 있다. 왜냐하면 매기의 죽음은 그녀에게 일시적으로 부여된 이 우월한 지위가 가부장적인 산업사회 속에서 지속될 수 없음을 암시하기 때문이다.

그러므로 이 결말에서 구조와 화해 및 죽음 중 어느 쪽을 강조하느냐에 따라 다른 입장이 생긴다. 먼저 이 결말과 관련하여 마녀 이야기를 상기해 볼 필요가 있다. 왜냐하면 앞에 복선처럼 암시된 마녀 이야기(물에 빠뜨렸을 때 수영해서 살아나면 마녀로 판정되고 물에 빠져 죽으면 무고한 여인으로 판정된다는 디포우의 이야기)에는 중대한 의미가 함축되어 있기 때문이다. 매기는 죽어서 무죄를 입증하고 톰과 화해하여 톰의 인식을 바꾸므로 그녀의 죽음은 헛되지 않다는 남매의 화해에 대한 긍정적 해석이 있다. 그러나 죽은 다음 무죄가 밝혀지는 마녀 이야기와 관련하여 화해하고 죽는 것이 무슨 의미가 있느냐는 부정적 해석도 있다. 즉 마녀의 이야기에 대해 "물에 빠져 죽고 나서 마녀가 아니라고 판명되는 것이 그녀에게 무슨 소용이 있는가?"(66)라는 매기의 질문과 관련하여, 톰이 죽기 전에 매기의 진정한 가치를 깨닫는 것이 그녀가 겪어온 고통을 보상해줄 수 없다는 점에서는 부정적 해석이 더 설득력이 있다.

이 결말의 올바른 의미는 남매의 갈등이 빚어진 원인—다른 기질 및 성 차별적인 성 오그스 사회의 제한된 현실과 관련된—이 무엇이며 그들의 화해—루이스(Lewes)와의 결혼으로 인한 오빠 아이작(Isaac)과의 불화와 관련된 "소원 성취적 반전(a wish fulfillment reversal)"으로 해석되는(McDonnel 383; Boumelha(1987) 29; Emery 8,11)—가 당대 사회에서 어떤 의미를 갖는가 하는 문제와 관련하여 생각해 보아야 밝혀질 것이다.

인용문헌

한애경. 『죠지 엘리어트와 여성문제』. 서울: 동인출판사, 1998.

Bushnell, John P. "Maggie Tulliver's "Stored-up Force": A Re-reading of The Mill on the Floss". Studies in the Novel, 16 (Wint., 1984). pp. 378-95.

Ermarth, Elizabeth. "Maggie Tulliver's Long Suicide". Studies in English Literature, V. 14 (Autumn, 1974), pp. 587-601.

Goodman, Charlotte. "The Lost Brother, The Twin: Women Novelists and the Male-Female Double Bildungsroman". Novel, 17(1) (Fall, 1983), pp. 28-43.

Haight, Gordon S., ed., Selections of George Eliot's Letters. New Haven and London: Yale UP, 1985.

_____, ed. A Century of George Eliot Criticism. Boston: Houghton Mifflin Company, 1965. 'The Novels of George Eliot'. Henry James. Atlantic Monthly. 18 (Oct., 1866), pp. 479-92.

James, Henry. 'The Lifted Veil" and Brother Jacob', A Century of George Eliot Criticism, Gordon Haighted., Boston: Houghton Mifflin Company, 1965, Nation, 26 (25 April 1878).

Leavis, F. R. The Great Tradition. London: Chatto & Windus, 1948.

McDonnel, Jane. "Perfect Goodness" or "The Wider Life": The Mill on the Floss as Bildungsroman Genre, 15 (Winter, 1982), pp. 379-402.

Showalter, Elaine. A Literature of Their Own: British Women Novel from Bronte to Lessing. New Jersey: Princeton UP, 1977.

Stephen, Leslie. George Eliot. New York: The Macmillan Company, 1902.

<Internet>

Stewart, Bhob. All Movie Guide

Leonard, John. "Gothic Horror", New York (October 13, 1997)

National Video Archive

http://www.cinema.pgh.pa.us/movie/reviews

http://www.moviesunlimited.com/musite/pr....mscssid...

http://Bostonphoenix.97.10.13

com/Archive/tv/97/10/TheMillontheFloss.html

http://www.theatlantic.com/unbound/classrev/middlema/htm

(TheAtlanticMonthly,1873.41860.6)

http://www.Amazon.com/com/exec/obidos/ASIN

http://www.Amazon.com/com/exec/obidos/search...actor=EmilyWatson

http://www.Amazon.com/com/exec/obidos/search-r=grahamTheakston

http://www.Amazon.com/com/exec/obidos

http://amazon.imdb.com/Title/ASIN

http://amazon.imdb.com/Name.Theakston,Greham

http://amazon.imdb.com/Details/ASIN

http://amazon.imdb.com/Name?Watson,Emily

http://amazon.imdb.com/Name?Stoddart,Hugh

http://amazon.imdb.com/www-wp7.washingtonpost.com/wp-srv/style/movies/oscars/emil
    ywatson.htm

(Washingtonpost.com:EmilyWatsonFilmography)

http://amazon.imdb.com/www.ncapartnents.com/oscars/watson/html

(BestActressNominee-EmilyWatson)

TheJacksonvilleFilmJournal-FilmreviewsbyChuckDowling.

http://www.skillsware.couk/theatre/video54.htm

http://www.personal.psu.edu/faculty/t/a/kaw16/Eliot.htm

4

『플로스강의 물방앗간』과 "상징폭력"

1

　　조지 엘리엇(George Eliot, 1819-80)의 『플로스강의 물방앗간』(*The Mill on the Floss*, 1860)에 관해서는 다양한 방식으로 접근되어 왔다. 대체로 엘리엇에 관한 사실주의적·심리적 접근에서는 남매의 어린 시절을 묘사한 앞부분을 칭찬해왔다. 최근의 페미니즘 연구에서 집중적인 조명을 받은 결과, 이 작품은 페미니즘의 선구적 작품으로 높이 평가되기도 했다. 가령 쇼월터(Showalter)는 이 작품이 여성의 성취에 적대적인 세인트 오그스(St. Ogg's)라는 "편협하고 압제적인 사회에 사는 영리한 한 젊은 여성의 이루지 못한 동경"(125)을 생생하게 그려냈다고 높이 평가했다.

또한 뉴턴(Newton)은 톰이 가부장적 산업사회에서 여성의 힘과 지위를 파괴하는 인물이므로 매기가 그녀에 대한 톰의 인식을 변화시키는 게 전체사회를 바꾸는 것이며, 이런 의미에서 매기의 죽음은 왜곡된 이데올로기에 저항하는 것이라고 주장하였다(Newton 1981, 157).

이런 페미니즘적 접근에서는 가부장제 사회 안에서 여성이 겪는 문제를 집중적으로 조명해주는 성과를 거두었다. 본고에서는 페미니즘의 통찰을 받아들이되 기존의 엘리엇 비평과 최근의 페미니즘 비평에서 한 걸음 더 나아가, 여성이 받는 억압을 20세기 프랑스의 저명한 사회학자인 피에르 부르디외(Pierre Bourdieu, 1930-2002)의 '상징폭력'(symbolic violence, *Violence symbolique*)이라는 새로운 관점에서 조명하고자 한다.1) 그렇다면 본격적인 작품분석에 들어가기에 앞서 부르디외의 '상징폭력'에 대해 좀 더 자세히 살펴보자. 상징폭력은 효과적인 지배를 위해 활용되는 하나의 전략으로서 지배와 별도로 생각하기 어려운 개념이다. 피지배자들은 상징폭력을 점잖고 비가시적인 형태라 오인해 복종해야 한다고 생각한다. 부르디외는 상징폭력을 설명하기 위해『실천 이론개요』에서 카빌(Kabyle) 사회의 선물 교환을 예로 든다. 선물교환은 일종의 상징폭력으로서, 그것을 통해 이해관계가 호의적인 관계로 바뀐다. 왜냐하면 주는 것은 또 다른 형태의 소유를 의미하기 때문이다. 선물은 갚아야 할 채무를 만들어내고, 채무자로 하여금 온순하고 협조적인 태도를 취하게 한다. 상징 폭력에 있어 두 번째 중요한 개념은 오인

---

1) 부르디외의 '아비투스habitus'와 계급, 문화자본(Cultural Capital)과 계급 재생산, '장'(Field)의 이론과 지식 사회학, '구별 짓기'(distinction), 상징폭력과 지배이론 등 여러 가지 중요한 이론 중에서도 '상징 폭력'은 그의 핵심이다.

이다. 선물교환의 경제적 현실에 대한 오인은 속이는 사람 없는 집단적 현혹상태다(정일준 66-67). 선물을 주면 보답을 기대하게 되며, 선물에 대한 답례가 상대방에게 모욕이 되지 않으려면 답례는 연기되고 또 받은 것과는 다른 것을 주어야 한다(정일준 61).[2] 이렇게 선물에 관련된 보답이라는 규칙은 꼭 지켜져야 한다는 게, 이 집단 전체의 오인이다.

이렇게 부르디외가 상징폭력의 예로 든 카빌 사회의 선물교환에서 첫째 상징폭력은 가시적이며 직접적 폭력이 아닌 비가시적인 폭력이며, 둘째 집단적 오인이나 자의적 공모에 의한 폭력이라는 사실에 주목해 볼 수 있다. 다시 말해 상징폭력에서 가장 중요한 것은 사회 구성원이 스스로 무의식적이며 자의적으로 내재화한 집단적 공모나 '집단적 오인', 관습적 합의에 의한 지배라는 점이다.[3] 상징폭력의 세 번째 특징은 그것이 제도화된다는 것이다. "피지배자가 지배자에게 (따라서 지배에) 동일한 의견을 갖지 않을 수 없는 동의를 매개로 제도화"(부르디외 『남성 지배』 1998, 53)된다. 가령 교육체계는 상징폭력을 행사하는 제도적

---

2) 이 상징폭력은 여러 가지로 분류할 수 있다. 가령 상징폭력은 암묵적인 상징폭력 (언어 등)과 제도화된 상징폭력(교육제도, 학교 등)으로 나누거나, 현실적 폭력은 경제적 폭력, 문화적 폭력, 정치적 폭력으로 나눌 수 있다. 또는 경제·문화·사회·상징자본이라는 네 가지 자본과 관련하여 경제·문화·사회·상징폭력으로 나눌 수도 있다. 이외에 상징폭력은 상징권력이나 상징자본과도 관련된 개념이다.

3) 그렇다면 왜 지배 계급의 예술적 취향이 정당한 것으로 오인되는 과정에서 피지배 계급의 구성원들은 자신들에게 행사되는 상징폭력에 대해 저항하지 않는가? 부르디외에 의하면, 아무리 자유로운 행위자라 할지라도 경제자본이나 문화자본 또는 사회자본 등 자신이 지닌 자본의 양에 따라 결정되는 객관적 가능성에서 자유로울 수 없다는 것이다(장미혜 94-95). (이외에 상징폭력에서 집단적 오인과 습관화된 믿음의 기능에 관해 현택수, 1998, 101-120과 홍성민, 1998, 185-220 참조).

대행기관이다. 다시 말해, 상징폭력은 기존질서를 정당한 것으로 승인함으로써 지배계급의 질서를 자연스러운 것으로 오인(meconnaissance)하게 만든다. 이렇게 자연적인 질서로 오인된 상징질서가 행위자의 인식 및 지각구조를 지배하는데, 이 질서는 가정, 교육제도, 일상생활을 통해 지속적으로 재생산된다(현택수 116-17).

  본고에서는 19세기 여성 이미지의 전형을 묵시적으로 압력을 행사하는 하나의 상징폭력으로 보고 이 작품을 분석하고자 한다. 이런 분석을 할 때 여주인공 매기보다 그 폭력의 주체이자 폭력의 장인 사회제도와 사회를 분석대상으로 삼는 방법도 있을 수 있겠다. 하지만 이 논문에서는 상징폭력의 주체보다 대상, 즉 매기에게 행사되는 상징 폭력을 1) 가정과 2) 교육제도, 3) 일상생활에서의 집단적 공모로 나누어 차례로 살펴보려 한다. 아울러 홍수 속에서 매기의 익사로 끝나는 결말이 상징폭력에의 공모인지, 아니면 저항인지에 대해서도 생각해 볼 것이다. 이런 분석은 그저 젠더 및 성 이데올로기와 관련하여 보는 페미니즘적 접근보다 사회적 측면까지 고려함으로써, 이 작품을 좀 더 섬세하고도 풍부하게 읽어내는 분석틀을 제공할 것이라 기대된다.

2

가정 안의 상징폭력: 19세기 여성상과 자의적 공모

우선 가정에서 행사되는 상징폭력을 살펴보자. "가정의 천사"로 대변되는 19세기 이상적 여성상은[4] 여성의 자율과 의지를 억압하는 하나의 상징폭력이며, 이는 집단적 공모의 소산이다. 당대 사회가 주입하는 19세기 이상적 여성의 이미지는 매기의 사촌 루시 딘(Lucy Deane)으로 대변된다. 루시는 하얀 피부와 구불거리는 금발머리 등 예쁜 외모와 얌전한 행동, 온순하며 순종적인 성격을 지녔으며 자신을 강하게 주장하지도 않는다. 가령 루시는 의자에 앉혀놓으면 한 시간 동안 꼼짝없이 앉아있을 정도로 얌전한 태도를 지녔다. 뿐만 아니라 남을 배려하며 자기 필요를 먼저 내세우지도 않는다. 이런 연유로 후일 루시는 매기와 필립을 맺어주기 위해 먼저 마을로 떠나며, 매기가 스티븐과의 관계로 마을 사람들의 오해를 받을 때도 바닷가로 떠나기 전 몰래 매기를 만나고 떠난다. 이런 일화에서 루시가 19세기 이상적 여성으로 재현되었음이 확인된다.

한편 매기는 여러 면에서 루시와는 정반대되는 인물이다. 매기가 이런 19세기 여성 이미지에 맞지 않는다는 사실은 어린 시절 대부분의 일화에서 입증된다. 따라서 매기는 이런 여성 이미지를 강요하는 상징폭력에서 벗어나고자 하며, 이런 면모는 그녀의 외모와 얌전치 못한 행동, 반항적인 성격 등에서 드러난다. 우선 매기는 검은 피부와 검은 눈, 구

---

4) 19세기 여성상은 "가정의 천사(angel in the house)"나 "여성 [고유의] 영역(women's [separate] sphere)"(Newton 126-30), "여성의 영향(women's influence)" 등에 반영된다. 이 이데올로기에 반영된 여성의 열등한 지위 및 남녀의 다른 속성은 성적 차이를 사회적 차별로 영속화시키려한다. 다시 말해 차별이 수직적이며 계급적인 개념이라면 구별은 수평적인 개념인데, 이 수평적인 성적 구별이 수직적인 사회적 차별로 고착된다는 것이다.

불거리게 할 수 없는 뻣뻣한 검은 머리 등의 외모와 도전적이며 반항적인 성격을 갖고 있다. 그녀는 모자를 집어 던지는가 하면, 머리를 뒤로 넘기려고 고개를 계속 뒤로 젖히며, 강둑을 천방지축으로 뛰어다닌다. 가령 돌아보면 돌로 굳는다는 "작은 메두사(Medusa)"[5]라는 별명에 그녀가 변종 같은 존재라는 사실이 단적으로 표현된다. 따라서 매기는 이런 여성 이미지에 맞지 않는 반항적 행동을 한다. 예를 들어 엄마에게 늘 야단맞는 말썽의 원인인 검은 머리카락을 충동적으로 남자처럼 짧게 잘라버린다거나, 톰이 자기를 빼놓고 루시하고만 놀자 모두가 예뻐하는 루시를 진흙탕에 밀어 넣어 흙 범벅이 되게 하는 것은 다 매기의 반항적인 행동이다. 또한 그녀는 집시에게 도망가기도 한다. 이 도망은 세인트 오그스 마을에 매기가 마음 편히 머물 곳이 없다는 사실을 암시해준다. 즉 그녀는 탈주하고자 하는 욕망 때문에 이 사회에서 머물 곳이 없어 유목적 공간인 집시들의 캠프로 간 것이다. 그녀가 이렇게 집시에게 도망친 원인은 엄마의 야단이 두려운 데다 오빠가 자기를 빼놓고 루시하고만 노는가 하면, 이모들이 루시만 예뻐하고 그녀를 야단쳤기 때문이다. 더 거슬러 올라가면 자신의 영리함을 칭찬하기는커녕 야단만 친 지방 경매인 라일리 씨(Mr. Riley)에게까지 그 원인을 거슬러 올라갈 수 있다. 이와 같이 표면상 매기는 엄마와 이모들의 야단이 두려워 도망간 것이지만, 한 겹 더 깊이 들여다보면 그녀에게 강요되는 19세기 여성의 이미지, 즉 이 사회의 '상징 폭력'에서 벗어나고자 했던 것이다.

---

5) Eliot, George. *The Mill on the Floss*. Harmondsworth: Penguin Books, 1979. 161면. 이제부터 나오는 본문의 인용은 이 판에 의거하여 면수만 표기하기로 한다.

주변 인물들은 매기가 당대 사회에서 여자아이에게 요구되는 기준과는 너무나 거리가 멀기 때문에 매기를 못마땅해 하며 걱정을 금치 못한다. 가령 매기를 아끼는 아버지 털리버 씨는 "톰보다 배나 영리한" 매기의 영리함을 자랑스러워하는 한편, 너무 똑똑해서 "화가 될"(66)까봐 딸의 장래를 걱정한다. 지방 경매인인 라일리 씨도 자신에게 대니얼 데포우(Daniel Defoe)의 『마녀 이야기』(The History of the Devil)에 나오는 마녀의 그림을 해석해주는 매기의 영리함을 칭찬하기는커녕 그런 책은 여자애들이 읽기에 적합한 책이 아니라고 야단친다. 이와 같이 아버지와 라일리 씨 등 남성들은 19세기 여성의 이미지에 대한 집단적 오인을 보인다.

남성 뿐 아니라 여성도 매기에게 이런 이미지를 강요한다. 특히 매기의 엄마와 이모들은 매기보다 루시를 칭찬하고 귀여워하는 반면, 매기를 메두사 같이 타기해야 할 여성으로 비난한다. 이런 반응에서 여성 이미지의 전형을 강요하는 사회의 상징폭력, 구체적으로 여성 인물들이 스스로 내재화한 집단적 오인과 공모가 드러난다. 다시 말해 남성은 물론 여성들까지 19세기 여성의 전형적 이미지를 자기도 모르는 사이에 바람직한 것으로 '오인' 내지 공모했다는 것이다.[6] 부르디외에 의하면,

---

6) 이런 상징폭력을 자의적으로 받아들이는 이들의 집단적 오인 내지 공모 때문에 이들은 자신에게 불리한 기준의 적용을 당연시한다. 상징적 지배의 재생산은 다음을 전제한다. 즉 공식 언어를 사용할 수 없는 화자들이 자신의 상실상황에 대해 협력하며, 그들 자신들의 언어적 산물과 다른 이들의 것을 평가할 때, 자신들에게 불리한 기준을 선택한다는 것이다(정일준 52). 즉 끊임없이 지배 문화를 정당한 것으로 오인하는 행위자는 객관적인 조건에 의해 부과되는 무의식적인 제약에서 자유롭지 못하다.

지배 권력은 위계화 된 기존의 상징질서체계를 피지배계급에게 정당한 것으로 오인시키려고 애쓴다. 지배계급은 지배의 정당성을 확보하는 과정에서 상징폭력을 행사한다. 이 때 상징폭력이란 지배의 힘을 피지배자의 정신과 신체에 내면화하여 지배하려 한다. 이는 물리적 폭력이나 정치적 폭력보다 훨씬 지속적인 효과를 낳으며, 달리 말하면 기존 질서 유지에 필요한 문화적 재생산 과정에 해당된다.

스튜어트 홀(Stuart Hall)은 상징폭력이 행사되는 방식으로 '전형화' (Stereotyping)라는 개념을 든다. 전형화란 단순하고 본질적인 것처럼 보이는 고정된 특성들로 대상을 재현함으로써 그것을 '정상적이고 당연한 것'으로 받아들이게 하는 전략이다. 이는 지배계층이 자신들의 세계관과 가치체계, 감성과 이데올로기를 전 사회구성원들에게 '자연스럽고 불가피한 것'으로 만듦으로써 자신의 헤게모니를 구축하고 유지하려는 것이다. 가부장제 사회 속에서 여성의 생각과 판단, 행동과 취향을 규정하며 차별적인 지위를 자연스럽고 당연한 것으로 오인하게 만드는 것이 바로 이러한 전형화다. 특히 여성적 전형은 여성으로 하여금 몇 가지 특성으로 고정된 여성이미지를 내면화하게 만든다. 권력적으로 우월한 남성들이 자신의 시선과 권력, 이데올로기가 구축한 규범의 경계를 만들고 그것을 벗어난 여성상은 타자화함으로써 억압하거나 처벌, 혹은 배제시킨다(이신정 2). 가령 매기의 경우 "가정의 천사"라는 전형에서 이탈했기 때문에 처벌의 대상이 된다.

그러나 이 여성의 전형에서 타자화 된 매기는 지배 권력의 상징폭력에 저항한다. 예를 들어 매기는 검은 머리와 검은 피부를 지닌 똑똑한 집시 여왕으로 인정받고자 집시에게 도망하며, 금발머리 여주인공과 달리 늘 불행해지는 검은 머리의 여주인공 얘기를 더 이상 읽고 싶지 않다며 (상징폭력을 주입하는) 『코린느』(*Corinne*)라는 책을(Moers 141-200)[7] 필립 웨이컴(Philip Wakem)에게 돌려준다. 루시를 진흙에 빠뜨리거나 집시에게 도망친 일은 예외지만, 매기는 이런 여성의 이미지를 강요하는 상징폭력을 직접 거부하기보다 주로 자신의 상상으로 도피하거나 머리를 자르는 등 자신을 해치는 방식으로 저항한다. 그런 반항은 부메랑이 되어 결국 그녀에게 돌아온다. 여기서 상징폭력에 반항하는 것이 얼마나 어려운 일인지 알 수 있다.

그런데 흥미로운 사실은 이런 상징폭력에 반항하던 매기마저 잠시나마 이런 여성 이미지에 공모하게 된다는 점이다. 그녀는 중세 철학자 토마스 아 켐피스(Thomas à Kempis)의 『예수의 모방』(*The Imitation of Christ*)을 읽고 이 책에서 강조하는 체념과 자기부정에 감명을 받은 나머지, 자신에게 주어진 삶의 한계를 받아들이고 순종이나 자기 부정, 체념을 내면화하는 등 잠시 순종적인 여성으로 변하려 한다. 이런 관점에서 부르디외는 "인식 속에 포함되어 있는 오인들로 인해 사람들이 자신들의 실천을 지배적인 평가기준에 맞추어 나갈 때, 진정으로 상징적 지배가 시작된다"(Bourdieu *Ce que parler veut dire* 34; 정일준 51에서 재인용)고 언급한 바 있다. 이와 같이 모든 상징적 지배는 외적 압력에의 수동적인 복종보다 피지배자들의 공모를 전제한다(정일준 51). 이처럼 매기는

---

7) 스타엘(Stael)의 『코린느』는 코린느라는 똑똑한 여성이 계관시인으로서 대외적인 명성과 영광을 얻게 된 신화를 그린 작품이다.

여성 이미지에 잠시 공모하지만, 완전히 이 이미지에 굴복하지는 않는다.

학교교육과 사회 재생산

이제 학교 교육에서 행사되는 상징폭력을 살펴보자. 교육은 기존 사회의 상징폭력을 더욱 공고하게 제도화하는 장치이므로, 부르디외는 제도화된 상징폭력(및 상징폭력 재생산)의 대표적인 예로 학교교육을 언급한다. 즉 모든 교육행위는 문화적 자의성을 강제하는 상징폭력이라는 것이다(Bourdieu 1970, 19). 학교는 이러한 상징 폭력을 통해 기존사회의 힘의 관계, 질서를 재생산하는 사회제도이다(현택수 116). 결과적으로 학교 교육은 집단간 혹은 계급간의 지배관계를 재생산하는 사회재생산의 도구가 된다. 이런 관점에서 톰(Tom)과 매기가 받는 교육을 분석해보자. 당대 사회에서는 중산계급 남녀에게 다른 사회적 역할을 기대하기 때문에 톰과 매기는 다른 교육을 받게 된다. 지적 능력과 상관없이 이들 남매가 받는 차등 교육에 당대 사회가 행사하는 '상징폭력'이 단적으로 드러난다. 우선 젊은 숙녀를 위한 퍼니스 양(Miss Firniss)의 기숙학교에서 루시와 함께 받는 매기의 교육은 단 한 문장으로 처리되는 반면에(263), 톰의 교육은 집안의 중대관심사로서 상세히 묘사된다. 털리버 씨는 톰이 다닐 학교를 정하기 위해 라일리 씨의 조언을 구하며 친척들이 모인 자리에서 톰의 교육계획을 밝히는 등 1권의 상당부분과 스털링 씨(Mr. Stelling)의 학교교육(King's Lorton)을 다루는 2권 전체에서 톰의 교육이 상세히 묘사된다. 이런 분량과 길이상의 대조에서 아들의 교육에는 지대한 관심을 갖지만 딸의 교육에는 무심한 털리버 씨의 편파적인 태도가 드러난다.

먼저 물방앗간 주인인 털리버는 아들이 자기보다 출세하기를 원하므로, 돈과 기술을 지닌 지방 경매인 라일리를 모델로 많은 돈을 들여 톰에게 신사 교육을 시킨다. 부르디외 식으로 말하자면, 톰은 문화자본 중에서 '상속된 문화자본'(inherited cultural capital, 부모의 학력 수준이 높은 사람들) 없는 중간계급으로서 '획득된 문화자본'(acquired cultural capital, 본인의 교육수준이 높은 사람들)을 얻기 위해(Bourdieu 1995, 215) 지적 능력을 키우는 기하와 라틴어, 고전어 등을 배운다.

한편 매기는 톰보다 똑똑하지만 얌전히 집에 있다가 결혼하도록 19세기 여성 이미지에 부합하는 교육을 받는다. 즉 적당한 교양과 바느질과 요리, 퀼트 등 "여성의 영역"인 결혼 생활에 필요한 것을 배운다. 가령 매기는 마녀가 나오는 그림책을 자기 나름대로 해석하거나 소설 속의 검은 머리 여주인공을 위해 행복한 결말을 지어낼 정도로 상상력이 풍부하지만, 그녀에게는 순종적인 19세기 여성상만 강요된다. 일례로 "천을 조각조각 찢었다가 다시 붙여 바느질하는 어리석은 일"(61)로 매기가 거부하는 퀼트(patchwork)는 보잘것없는 여성교육을 단적으로 대변해준다. 이는 피아노나 노래, 불어, 그림 등을 조금씩 가르치는 상류여성 교육보다 못하며 여성의 유일한 직업인 가정교사 노릇에 필요한 정도이다. 매기는 이런 차등교육에 적극 반항하지는 못하지만, 퀼트 등 보잘것없는 여성교육에 반항하거나 불만을 터뜨린다. 가령 그녀는 혼자 많은 책을 읽는 등 지적 동경을 포기하지 않는 동시에 마음껏 배울 수 없는 현실에 대해 용암처럼 흘러넘치는 "분노와 증오의 발작"(380)을 일으킨다.

가령 당시 공식 언어인 라틴어를 배울 수 있는 남매의 기회를 살펴보자. 톰은 라틴어에 취미도 재능도 없지만 그의 선호에 관계없이 무조건 신사교육에 필요한 공식 언어인 라틴어를 배워야 한다. 반면 매기는 라틴어에 관심과 재능이 있지만, 이 공식 언어를 배울 기회가 차단된다. 그녀는 스털링 목사의 학교로 오빠를 방문했을 때 라틴어를 쉽게 이해하고 라틴어 때문에 곤란을 겪는 톰에게 오히려 한 수 가르쳐주지만, 여자라는 이유로 이 공식 언어에 접근할 매기의 기회는 원천 봉쇄된다. 이로써 라틴어는 상징폭력을 행사하는 하나의 매개가 되며, 공식 언어의 습득여부는 남녀의 문화적 구별 짓기에 중대한 영향을 미친다.

아울러 톰과 매기의 언어를 간단히 비교해 보자. 매기는 파리나 두꺼비 등 동물에 관한 이야기를 지어낼 정도로 영리하고 상상력이 풍부하지만, 낭만적이며 비현실적인 그녀의 언어는 어리석고 가치 없는 것으로 무시된다. 반면 톰의 언어는 정신적으로 편협하다는 한계가 있지만 현실적이며 가치 있는 공식 언어로 인정받는다. 또한 톰을 방문한 매기와 스털링 목사의 문답에서 당시 학교 교육이 제도적인 상징폭력이자 상징폭력의 재생산 도구라는 사실이 더욱 분명히 드러난다. 즉 자신은 톰과 같이 유클리드(Euclid)를 배울 수 있을 거라 확신하는 매기에게 스털링 목사는 여자애들은 조금씩 익힐 수 있으며 피상적으로 영리하지만 깊이 배울 수 없다고, 한마디로 "잽싸긴 하지만 얄팍"(220-21)하다고 설명한다. 이 말은 평소 자신의 지적 능력에 대해 갖고 있던 매기의 자부심과 자존심을 무참히 짓밟고 매기의 지적 열망과 사기를 저하시킴으로써, 톰이 받는 신사 교육이 여성을 무시하는 남성 중심적 교육이며 동시에 상징폭력을 재생산한다는 사실을 보여준다. 한 사회 내에서 보편적이며 지배적인 문화로서 인정받는 고급문화의 규정은, 지배계급에 의한 상징폭력의 결과다. 문화적 취향의 차이는 단순한 차이로 인식되지 않고 하나의 문화[남성 문화]는 정당하고 합법화된 고급문화로, 다른 하나의 문화[여성 문화]는 비합법적이고 정당치 못하며 통속적인 저급 문화로 규정된다(장미혜 94).

이러한 차등교육은 19세기 영국의 세인트 오그스라는 당대 성차별적 사회에서 중간계급 여성에게 행사되는 상징폭력, 구체적으로 지배계급/ 중심/ 남성들이 피지배계급/ 주변/ 여성을 효과적으로 지배하기 위해 행사하는 상징폭력을 잘 대변하며, 19세기 여성 이미지의 재생산에 기여한다. "학교는 문화자본의 불평등적 분배와 교육체계의 서열화를 정당화함으로써 사회적 차이, 사회적 위치의 위계화를 사회구성원들이 자연스러운 것으로 인정하게 하는 제도이다"(현택수 114). 이처럼 상징폭력은 교육제도 내 성의 차이라는 메커니즘 안에서 더욱 심각해질 수 있다.

이상에서 학교 시스템이 기회와 평등을 실현하는 것이 아니라, 문화자본의 불평등한 분배와 배제의 고착화를 정당화함으로써 위계화된 기존 사회질서를 자연스러운 것으로 오인하게 만든다는 사실을 알 수 있다. 이러한 학교교육 체계의 문화적 전횡은 지배계급에게 위임받은 것이다. 부르디외는 그의 저서 『재생산』(*La Reproduction*)에서 학교가 중립적이고 객관적 지식의 전달이라는 교육기능보다 지배계급이 승인한 문화만을 강제적으로 주입한다고 분석한다(현택수 115). "교육체계가 기존 질서를 정당화시키는 이데올로기의 기능을 그토록 완벽하게 수행할 수 있었던 까닭은 사회적 메커니즘 중에서 최고 메커니즘인 교육체계가 계급사회에서 주입기능, 다시 말해 지적-도덕적 통합 기능과 계급사회에 특징적인 계급관계 구조를 유지하는 기능을 . . . 통합하고 있다는 점을 은폐할 수 있었기 때문이다"(Bourdieu & Passeron *Reproduction: In Education, Society and Culture* 200; 정일준 67-68). 이처럼 학교교육은 상징폭력을 제도화하며, 이로써 남녀 차별적인 사회가 재생산된다.

일상생활에서의 '상징폭력': 집단적 오인과 상징폭력

부르디외에 의하면, 상징폭력은 자기들 자신이 바로 상징폭력에 종속당해 있다는 사실을 알려고 하지 않는 사람들의 집단적 오인과 공모를 전제하기 때문에, 사회적 행위자들 눈에 보이지 않는 비가시적인 폭력이다. 다시 말해 피지배자는 자신에게 이런 상징폭력이 강제된다는 사실조차 모르면서, 이런 지배에 공모한다는 것이다. '점잖고 비가시적인 상징폭력'은 인식과 오인의 독특한 혼합(melange)으로 특징지워진다. 바로 이런 혼합 때문에 상징폭력은 사회 재생산의 효과적 매체가 된다(정일준 69-70).

이런 맥락에서 일상생활에서 볼 수 있는 상징폭력은 당시 성적 기준에서 벗어난 스티븐과 매기의 일탈적 행동에 대한 마을 사람들의 반응에 가장 확실히 드러난다. 매기는 여러 가지 겹친 우연으로 스티븐과 단 둘이 보트를 타고 마을을 떠났다가 세인트 오그스 마을을 떠난 지 5일 만에 스티븐과 결혼하지 않은 채 마을로 돌아오게 된다. 그들은 루시와 만나기로 했던 머드포트(Mudport)를 지나 먼 곳까지 갔다가 돌아온다. 스티븐과 함께 강물을 따라 멀리까지 가버린 이런 일탈적 행동은 무의식적으로 상징폭력에 저항한 것으로 볼 수 있다. 남녀 간에 의심할 만한 사건은 없었지만 당시로서는 파격적인 이 사건 뒤에, 그들에게는 상징폭력이 전혀 다른 방식으로 행사된다. 순간적인 방심으로 스티븐이 목적지를 지나도록 수수방관한 매기에게는 톰을 비롯해 마을 사람들의 온갖 수모와 박해가 가해지지만, 스티븐에게는 아무런 단죄 없이 너그러운 관용이 베풀어진다.

이런 대조적인 반응을 통해 일상생활에서 상징폭력이 남녀에게 다른 양상으로 행사됨을 알 수 있다. 이 점은 스티븐이 그간의 정황을 소상히 설명하는 편지를 아버지에게 보냈어도 아무런 상황변화가 없다는 사실로도 입증된다. 사건이 일어난 뒤 네덜란드에 머물고 있는 스티븐이 자기 아버지에게 사건의 전말을 소상히 밝히는 편지를 보내자, 사람들은 진상을 깨닫고 매기를 호의적으로 생각하기보다 스티븐이 매기의 입장을 배려해 그런 편지를 보냈을 거라고 그를 더욱 좋게 생각할 따름이다. 이처럼 스티븐과 매기에게 행사되는 상징폭력은 사건의 진상이나 편지 내용과는 전혀 관계가 없다. 마을 사람들에게는 남자와 며칠 타지에 떠나 있던 여성이 그 남자와 결혼했느냐 안 했느냐 하는 사실만이 중요했던 것이다. 이는 남성과의 관계가 결혼으로 이어져야 한다는 성적인 이중 기준을 보여주며, 이런 성적인 이중 기준이야말로 전형적인 상징폭력이라 할 수 있다.

한편 매기는 그녀의 정황을 이해받기는커녕 무조건 냉혹한 비난과 차가운 눈길만 받는다. 마을 사람들에게는 사건의 진상이나 정황보다 혼전의 남녀가 외지에서 며칠 지내다 결혼하지 않고 돌아왔다는 결과만이 중요하다. 따라서 마을 사람들은 매기를 타락한 여성 내지 죄인으로 취급하고 냉대하며, 그녀는 이 고통과 비난을 혼자 온몸으로 견뎌야 한다. 19세기 여성 이미지를 요구하는 상징폭력의 대표는 바로 다름 아닌 톰이다. "전통적인 의무나 예의"(364) 등 관습을 중시하는 편협한 도슨가의 혈통을 물려받아 동기보다 결과로 사물을 판단하는 톰은 매기에게 냉정하다. 부양은 하겠지만 여동생으로 인정할 수 없다는 톰 때문에 집에서 쫓겨난 매기는 밥의 집에 가서 살게 된다.

이제까지의 분석에서 보아온 것처럼, 매기는 19세기 여성의 전형적 이미지를 강요하며 스티븐과 결혼하기를 기대하는 등 상징폭력을 행사하는 세인트 오그스 사회와 갈등관계에 있다. 매기는 재차 구혼하는 스티븐의 편지를 받고 톰을 비롯하여 마을 사람들의 오해를 받는 어려운 상황에서 벗어날 수 있는 "다른 미래"(648)에 대해 유혹을 느끼며 고민한다. 그녀가 얼마나 더 고통을 견딜 수 있을지 고민할 때 사회와 매기 사이의 팽팽한 긴장과 갈등은 극에 달해 있다. 매기는 이렇듯 상징폭력이 부당하게 행사되는 세인트 오그스 마을에서 머물 공간이 없다. 성장한 매기는 이전처럼 집시나 고모 집으로 도피할 수 없으며, 세인트 오그스 마을에 계속 머물 수도 없다. 이런 극한적인 대립 상태는 매사에 매기를 감싸고 도와주던 켄 목사(Dr. Kenn)마저 사면초가에 처한 매기에게 자기 아이들의 가정교사 자리를 마련해 주려다가 그녀와의 관계에 대해 스캔들이 날 정도가 되자, 이 마을을 떠나는 것만이 유일한 해결책이라고 충고하는 데서 단적으로 드러난다.

그럼에도 불구하고, 매기와 스티븐의 일탈 후 세인트 오그스의 일상생활에서 그들에게 상징폭력이 다르게 행사될 때, 매기는 이 상징폭력에 굴복하지 않는다. 스티븐과 결혼한다면 마을 사람들의 비난을 잠재울 수 있겠지만, 그녀는 이 결혼을 강요하는 '상징폭력'에 굴복하지 않는다. 이런 결심 뒤에는 사랑보다 필립이나 루시 등과 맺은 우정과 과거의 유대를 중시한다는 복잡한 심리적 이유가 있긴 하지만, 어쨌거나 매기는 이런 해결 방식을 거부한다.

이는 참으로 거절하기 어려운 상황에서 그의 청혼을 거절하는 것이다. 즉 그녀는 "다른 사람들을 희생시켜 가면서 자신만의 행복을 추구"(571)할 수 없다면서, 루시와 필립 등을 위해 사랑하는 스티븐을 포기하는 등 자신 위주로 행동하지 않는다. 그러나 마을에서는 매기가 스티븐과 결혼하지 않는 이유, 즉 매기의 이런 어려운 결심이나 고상한 윤리적 결단에는 관심이 없다. 이런 마을 사람들의 반응 뒤에는 상징폭력의 집단적 오인과 공모가 숨어 있다.

홍수 속에서의 익사와 상징폭력의 재생산

이런 상징폭력의 목표가 사회재생산이라는 점은 이미 언급한 바 있다. 상징폭력과 관련하여 결말을 어떻게 분석할 수 있을까? 이 결말은 매기가 다음날 스티븐에게 쓰려 했던 거절 편지를 쓰지 못하고 그날 밤 갑작스레 닥친 홍수에서 톰을 구하고 그와 잠시 화해한 다음 남매가 홍수로 범람한 플로스강에 떠다니던 거대한 "목재 기계"(655)에 부딪쳐 손을 잡고 함께 익사하는 것으로 처리되어 있다. 홍수 속에서의 익사는 이런 진퇴양난(Scylla & Charybdis)에 처한 매기의 딜레마를 해결하는 거의 유일한 해결 방안으로 보이지만, 작가가 매기의 딜레마를 우연히 닥친 홍수로 해결하려 함으로써 매기의 열망 등이 임의적으로 중단된 느낌을 주는 것도 사실이다.

이 결말에 대해 매기가 상징폭력에 굴복했다거나 아니면 항거했다고 보는 두 가지 대조적인 견해가 있을 수 있다. 우선 매기가 상징폭력에 굴복한 것으로 해석될 여지가 없지는 않다. 가령 톰과의 화해는 더 나아가 사회와의 화해를 암시하므로, 매기의 익사는 홍수 속에서 매기가 상징폭력에 굴복하고 마을 사람들의 집단적 오인 및 이런 상징폭력을 행사하는 사회와의 갈등을 무마시키는 듯하다. 이 결말을 마녀 이야기, 즉 물에 빠뜨렸을 때 수영해서 살아나면 마녀로 판정되고 물에 빠져 죽으면 죄 없는 여인으로 판정된다는 디포우의 이야기와 관련하여 생각해 볼 수 있다. 앞에 복선으로 제시된 마녀 이야기에 의하면, 매기는 죽어서 무죄를 입증하거나 살아남아 마녀로 취급당하게 된다. 그러므로 죽어서 무죄를 입증하는 게 무슨 소용이 있느냐, 즉 "물에 빠져 죽고 나서 마녀가 아니라고 판명되는 게 . . . 무슨 소용이"(66) 있느냐는 매기의 질문처럼, 죽거나 살아 계속 '상징폭력'에 시달리는 것은 둘 다 현실적으로 얻을 게 없는 선택이다.

이렇게 일방적으로 매기에게 상징폭력이 행사되는 현실 속에서 다른 대안은 없다. 매기는 톰과 필립, 스티븐이라는 세 남성과 불편한 관계에 있으며, 스티븐과 결혼을 하지 않은 채 이 사회에서 버틸 수도, 과감하게 스티븐과 결혼해버릴 수도 없다. 그러므로 세인트 오그스 사회와 갈등 관계에 있는 매기가 이 갈등을 해결하는 방안은 두 가지다. 매기가 변하거나, 사회가 변하거나 둘 중 하나다. 즉 매기가 이런 여성 이미지를 강요하는 이 사회의 상징폭력을 자의적으로 받아들여 같이 공모하고 이 이미지에 맞춰 변하거나, 상징폭력을 행사하는 세인트 오그스 사회가 변해 상징폭력의 행사를 멈추어야 한다. 그러나 둘 다 가능성이 희박한, 아니 거의 불가능한 얘기다.

그러나 매기가 이런 상징폭력에 반항한다고 보는 해석이 더 설득력이 있다. 앞의 분석에서 보았듯이, 매기는 자신에게 행사되는 상징폭력에 공모하기를 거부해왔다. 홍수는 이런 부정적인 사회 재생산의 가능성을 아예 근절시키고 차단시키는 게 아닐까? 실제로 홍수 속에서 남매와 더불어 상징폭력을 행사하던 사회까지 흔적을 찾을 수 없게 전멸한다는 점에 주목해야 한다. 홍수 속에서 익사하는 매기에게 독자가 느끼는 연민과 공감은 상징폭력의 부당함을 폭로해 널리 반향을 불러일으킨다. 이런 이유로 중간계급의 현실과 관련하여 페미니즘을 논하는 쥬디스 뉴턴 등의 평자들은 홍수로 인해 매기를 좌절시킨 전체 사회의 질서도 붕괴되므로, 비록 사회변화가 홍수라는 자연적인 사건으로 주어지긴 하지만 이 결말에 전체적인 사회변화의 환상이 암시된다고 해석한다(Newton 157). 이런 맥락에서 이 파멸은 작가의 적극적인 사회변화의 환상을 암시하는 것으로 볼 수 있다. 즉 매기의 익사는 표면상 매기와 사회의 화해를 암시하는 등 매기가 상징폭력에 자의적으로 공모하는 듯하지만, 궁극적으로는 이 상징폭력에 항거한다는 것이다. 세인트 오그스 사회가 존속한다면 매기는 이 사회가 행사하는 상징폭력에서 자유로이 해방될 수 없다. 그래서 홍수 속에서 남매뿐 아니라 사회도 파멸된다는 결말이 다소 도피적인 대로, 매기가 상징폭력에 굴복하지 않고 항거한다는 뜻을 함축한 것으로 보인다. 이런 관점에서 본다면, 홍수 속 남매의 익사라는 결말을 어느 정도 긍정적으로 평가할 수 있다.

3

이와 같이 부르디외의 핵심 개념인 상징폭력이라는 관점에서 이 작품을 재조명해보았다. 구체적으로 19세기 영국의 가정과 교육, 사회 전반에서 매기에게 상징폭력이 어떻게 보이지 않는 암묵적 영향력을 행사하는지 살펴 보았다. 표면상 이 텍스트는 19세기 여성 이미지의 전형이라는 '상징폭력'이 행사되는 세인트 오그스 사회에서 남다른 성취욕과 열망을 지닌 매기가 고군분투하다가 좌절하는 얘기다. 그러나 이 텍스트에 관한 저항적인 버텨 읽기는 더욱 설득력이 있다. 매기가 가끔 19세기 여성 이미지라는 상징폭력에 적극적으로 반항하지 못하고 이런 이미지를 자기에게 투사해 자기를 희생하는 방식으로 반응하기도 하지만, 묵시적으로 그러나 엄청나게 압력을 가하는 상징폭력에 완전히 굴복하지는 않는다. 가령 매기는 가정에서 19세기 여성 이미지에 잠시 공모 내지 오인하긴 하지만, 이런 상징폭력에 대해 부단히 반항한다. 남매의 차등교육에 적극 반항하지는 못하지만, 상징폭력을 제도화하고 재생산하는 이런 차등교육에 대해 여러 차례 의문과 불만을 토로한다. 또한 매기와 스티븐의 일탈 후 일상생활에서 매기에게만 상징폭력이 행사될 때, 매기는 세인트 오그스라는 일상생활에서 발휘되는 상징폭력에 굴복하지 않는다. 마지막으로 논란이 분분한 홍수 속 익사라는 결말에서도 상징폭력에 항거하는 작가의 근본적인 사회 변화의 환상이 암시됨을 볼 수 있었다. 한마디로 매기의 직접적 반항이 두드러지는 작품의 전반부뿐 아니라, 후반부에서도 매기는 비가시적인 상징폭력의 오인과 공모에서 벗어나려 부단히 노력한다는 것이다. 즉 19세기 여성 이미지의 전형에 대한 매기의 반항은 중산계급 여성에게 강요되는 상징폭력에 대한 저항으로 탁월하게 제시된다는 것이다.

인용문헌

계정민. 「스펙터클에 대한 매혹과 혐오: 빅토리아 시대 댄디의 사회학.」『근대영미소설』, 8권 1호 (2001. 8).

김창남. 「대중문화의 이해」. 서울: 한울 아카데미, 1998.

이신정. 「대중매체에 나타난 상징폭력으로서의 여성이미지와 저항적 읽기」. 1-8. http://mwli.or.kr/signbook/viewbody.htmlcode=movieclub=1 & n.

부르디외, 피에르. 김용숙·주경미 옮김. 『남성지배』. 서울: 동문선, 1998.

부르디외 피에르 지음. 정일준 옮김. 『상징폭력과 문화재생산』(*Language and*

Symbolic Power). 서울: 새물결, 1997.

부르디외, 피에르. 하태환 옮김.『예술의 규칙: 문학 장의 기원과 구조』. 서울: 동문선, 1998.

부르디외, 피에르. 최종철 옮김『구별짓기: 문화와 취향의 사회학』(上 & 下). 서울: 새물결, 1996.

임영호 편역.『스튜어트 홀의 문화 이론』. 서울: 한나래, 1996.

장미혜.「예술적 취향의 차이와 문화자본」. 홍성민 편저.『문화와 계급: 부르디외와 한국사회』. 서울: 동문선, 2002. 87-120.

정일준.「왜 부르디외인가?: 문제는 '상징권력'이다」. Bourdieu, P, 정일준 역,『상징폭력과 문화재생산』. 서울: 나남 출판, 1998.

현택수.「아비튀스와 상징폭력의 사회비판 이론」.『문화와 권력: 부르디외 사회학의 이해』, 현택수·정선기·이상호·홍성민, 서울: 나남 출판, 1998. 101-20.

홍성민.「아비투스와 계급」. 홍성민 편저.『문화와 계급: 부르디외와 한국 사회』. 서울: 동문선, 2002. 13-48.

홍성민, 1998,「부르디외와 푸코의 권력개념 비교: 새로운 주체화의 전략」.『문화와 권력: 부르디외 사회학의 이해』. 현택수·정선기·이상호·홍성민, 서울: 나남 출판, 1998. 185-264.

Adams, Kimberly VanEsveld. *Our Lady of Victorian Feminism: The Madonna in the Work of Anna Jameson, Margaret Fuller, and George Eliot*. Athens: Ohio UP, 2001.

Armitt, Lucie Ed. *George Eliot: Adam Bede, The Mill on the Floss, Middlemarch (Columbia Critical Guides)*. New York: Cambridge UP, 2000.

Bourdieu, Pierre. *The Field of Literary Production: Essay on Art and Literature*. Ed. Randal Johnson. Cambridge: Polity, 1993.

Bourdieu, P. and Jean-Claude Passeron. *Reproduction in Education, Society and Culture*. London: Sage Publication, 1977.

Bourdieu, P and L. J. D. Wacquant. *An Invitation to Reflexive Sociology*, U of Chicago P, 1992.

Grosz, Elizabeth. *Volatile Bodies: Toward a Corporeal Feminism*. Bloomington: Indiana UP, 1994.

Hall, Stuart. Ed. *Representation: Cultural Representations and Signifying Practices*. London: Sage Publications, 1997.

Henry, Nancy. *George Eliot and the British Empire*. Cambridge & New York: Cambridge UP, 2002.

Kaplan, E. Ann. *Women and Film: Both Sides of the Camera*. New York & London: Methuen, 1983.

Martin, Bill & Szelenyi, Ivan. "Beyond Cultural Capital: Toward a Theory of Symbolic Domination.", Robbins, Derek. Ed. *Pierre Bourdieu*. London·Thousand Oaks·New Delhi: Sage Publications, 2000, 278-301.

Moers, Ellen, *Literary Women*. New York: Oxford UP, 1976.

Newton, Judith. "Making And Remaking-History.", Benstock, Shari Ed., *Feminist Issues in Literary Scholarship*. Bloomington & Indianapolis: Indiana UP, 1987.

Peterson, R. A. "Revitalizing the Culture Concept." *Annual Review of Sociology* 5 (1979): 137-66.

Poovey, Mary. L. *The Proper Lady and the Woman Writer*. Chicago & London: The U of Chicago P, 1984.

_____. *Uneven Developments: The Ideological Work of Gender in Mid-Victorian England*. Chicago: Chicago UP, 1988.

Showalter, Elaine. *A Literature of Their Own: British Women Novelists from Brontë to Lessing*. New Jersey: Princeton UP, 1977.

Swartz, David. "Pierre Bourdieu: The Cultural Transmission of Social Inequality," *Harvard Educational Review*, 47 (4), (1977): 545-55.

_____. *Culture and Power: The Sociology of Pierre Bourdieu*. Chicago & London: The U of Chicago P, 1997.

Turner, J. H. *The Structure of Sociological Theory*. Wadsworth Pub. Co., 1990.

5

지젝의 이데올로기와 주체
─『플로스강의 물방앗간』

1

슬로베니아 출신의 슬라보예 지젝(Slavoj Zizek)은 오늘날 가장 주목받는 정신분석이론가이자 철학자이며 문화비평가다. 그는 라캉의 정신분석학과 헤겔의 관념철학, 대중문화론, 미학, 정치이론을 자유자재로 결합하여 철학, 역사, 문학, 영화, 비평, 정치철학, 대중문화비평 등 다방면에서 방대한 저술활동을 하고 있다.[1] 그는 『이데올로기라는 숭고한

---

[1] 지젝은 "지난 수십 년 동안 유럽에 출현한 사람 중 가장 놀라운 명민함으로 정신분석학, 혹은 문화이론"을 해설한 사람이라는 테리 이글턴(Terry Eagleton)의 칭찬을 받고 있다. 그는 또한 우리 시대의 "MTV 철학자"라거나 "동유럽 인문학의 기적"이라

대상』(*The Sublime Object of Ideology*, 1989)의 출간 이후 난해한 라캉(Lacan)의 정신분석 이론을 사회와 정치 영역에 적용해 독자로 하여금 라캉에게 가까이 다가갈 수 있는 길을 열어주었다. 지젝은 라캉을 모델로 "실재계"의 의미를 확장하여 이데올로기와 주체의 관계를 새롭게 정립함으로써, 라캉의 정신분석학에서 사회이론 및 이데올로기 이론 등 정치적 함의를 이끌어 내었다(이윤성 328-29).[2] 지젝의 이론에는 이데올로기 이론, 사회적 환상, 전체주의적 욕망 만들기 등 많은 개념이 있지만, 핵심 개념은 이데올로기와[3] 주체라 할 수 있을 것이다.

1980년대 이후 페미니즘 비평에서는 조지 엘리엇(George Eliot)의 최대 걸작이라 평가되는 『미들마치』(*Middlemarch*, 1871-72)보다 『플로스강의 물방앗간』(*The Mill on the Floss*, 1860)에 더 주목하여 이 작품의 여주인

는 찬사와 그의 문화비판의 정확한 실체를 알 수 없다는 비판을 동시에 받고 있다. http://www.ybooks.co.kr/ypbooks/WebHome/specdm/

2) 지젝은 탈이데올로기 시대인 현대에 라캉이 언급한 판타지(fantasme, phantasm)와 판타지를 가로지르기(la tracersee du fantasme, traversing the fantasy), 그리고 자신의 유령(spectre)이란 개념을 통해 이데올로기를 분석한다. 지젝은 라캉의 세미나 7권 『정신분석학의 윤리』(*The Seminar of Jacques Lacan Book VII: The Ethics of Psychoanalysis, 1959-1960*)를 토대로 정신분석학과 이데올로기를 연결시키려 한다. 이윤성, 328-29에서 재인용.

3) 지젝은 정신분석학적 의미로만 쓰이던 라캉의 이론, 특히 라캉의 상상계와 상징계, 실재계(the Real)의 개념 및 프로이트의 무의식의 개념을 차용해 숭고하게 보이는 이데올로기가 지닌 막강한 위력과 그 이데올로기가 얼마나 철저한 허구성을 지닌 빈껍데기인지 분석하였다. 지젝은 모든 이데올로기는 환상이지만, 그런 환상 없이 살 수도 없음을 지적한다. 현실을 정확히 볼 수 있는 이데올로기는 본래 불가능하므로, 대상을 판타지 속에서 보는 것, 즉 삐딱하게 보면 바로 볼 수 있다는 것이다. 지젝, 『삐딱하게 보기』 참조.

공인 매기 털리버(Maggie Tulliver)가 여성의 성취를 허용하지 않는 사회에 대해 느끼는 격렬한 분노를 높이 평가했다. 이 작품의 주제가 "편협하고 압제적인 사회에 사는 영리한 젊은 여성의 이루어지지 않은 동경" (Showalter 125)에 대한 공감적 이해라는 지적이 그 단적인 예다. 이런 페미니즘 비평에서는 19세기 이상적 여성을 요구하는 성 이데올로기에 저항하던 매기가 결국 이 성이데올로기에 희생되는지 아니면 계속 도전하는 것인지에 대해 의견이 분분했다. 그런가 하면 프랑스의 사회학자 피에르 부르디외(Pierre Bourdieu)의 "상징폭력"(Symbolic Violence)이라는 관점에서 보면, 매기는 19세기 성 이데올로기보다 좀 더 광범위한 의미의 "상징폭력"에 저항하지만, 엄마와 이모 등 주변인물은 물론 매기 자신도 이 "상징폭력"을 내면화하여 일부 이 "상징폭력"에 공모 내지 오인함을 살펴본 바 있다.[4] 이 논문에서는 지적의 이데올로기와 주체라는 개념에 의거하여 이 작품을 분석해 보고자 한다. 구체적으로 매기의 재현을 대타자(the Other)의 케보이(Che Vuoi)와 히스테리적 주체, 그리고 이데올로기적 환상(ideological fantasy), 안티고네의 죽음과 관련하여 살펴보고자 한다. 이런 분석은 19세기 성 이데올로기 및 "상징폭력"과 관련하여 보는 페미니즘 비평이나 사회학적 접근보다 이 작품을 좀 더 참신한 각도에서 이해하게 해줄 것이다.

---

4) 본인의 논문 「『플로스강의 물방앗간』과 '상징폭력'」. 『19세기 영어권 문학』. 9: 2 (2005. 8), 153-72 참조.

케보이와 히스테리적 주체

지젝에 의하면, 대타자는 주체에게 어떤 역할을 기대한다. 바꿔 말하면 주체는 대타자라는 상징 질서가 위임하는 명령을 받는다. 이것은 알튀세르(Louis Althusser)의 대타자의 호명(interpellation) 내지 이데올로기적 호명과정과[5] 비슷하다. 이렇게 호명된 주체는 그 부름에 응해 자기에게 주어진 자리와 의미에 적합한 자신을 만들려고 하지만, 이 부름과 응답이 늘 일치하는 것은 아니다. 왜냐하면 주체는 호명된 자신을 인정하지도, 호명된 역할에 전적으로 순응하지도 않기 때문이다. 즉 주체는 대타자에게 "이것은 내가 (참으로) 원하는 것이 아니다"라고 한다. 이에 대해 대타자는 주체에게 "네[타자]가 (참으로) 원하는 것은 무엇인가? (What do you want?)"라고 묻는다. 이것이 그 유명한 "케보이"(Che Vuoi)다. 즉 케보이란 대타자가 주체에게 원하는 것, 다시 말해 타자의 욕망이다. 대타자는 주체에게 "너는 나에게 왜 이것을 말하는가?"(Zizek, 1989: 111)라고 묻는다. 즉 너는 나에게 어떤 것을 요구하지만 진정으로 원하는 것은 무엇인가? 너는 이 요구를 통해 무엇을 목표하고 있는가? 라고 묻는다. 따라서 분열된 주체는 인식하지 못하지만 대타자의 부름과 주체의 응답, 케보이(상징적 질서)와 주체, 대타자가 주체에게 원하

---

5) 이윤성은 이데올로기가 무의식적 차원에서 작용한다는 점을 앞서 언급한 사람이 알튀세르지만, 알튀세르의 대타자의 호명작업은 성공할 수 없으며 판타지와 유령의 출몰에 의존한다는 점을 드러낸 사람이 지젝임을 지적한다. 알튀세르의 호명에 대해 이윤성, 329 참조.

는 대타자의 욕망과 주체가 원하는 주체의 욕망 사이에는 필연적으로 간극이 생긴다. 즉 "당신은 나에게 말하고 있다"라고 말하는 주체와 "도대체 그것을 통해 무엇을 원하고 무엇을 노리는가"라고 말하는 주체 사이에는 거리가 있다는 것이다.

여기서 두 가지 점을 생각해볼 수 있다. 첫째, 대타자의 명령, 바꿔 말하면 주체가 부여받은 상징적 위임은 자의적이다(김용규 89-90). 그러므로 지젝의 대타자는 이데올로기적 국가장치와 억압적 국가장치 같은 알튀세르의 대타자와는 달리 완벽하지 않다.[6] 왜냐하면 대타자가 완벽한 자기통일성을 갖지 못하고 이미 분열되어 있기 때문이다(이윤성 334). 둘째, 주체도 이미 분열되어 있다. 대타자의 호명은 대타자가 원하는 방식으로만 되지 않고, 이렇게 형성된 주체는 대타자의 명령을 완벽하게 수행하지 않는다(이윤성 334). 고전적인 라캉의 공식을 따르면, 히스테리적인 요구는 다음과 같이 표현된다. "나는 당신에게 이것을 요구하지만, 내가 정말로 당신에게 요구하는 것은 내 요구를 거절해 주는 것이지요. 내가 정말로 원하는 건 그게 아니니까요."(Zizek, 1989: 112). 다시 말해 이 간극의 표현이 케보이, 즉 대타자의 질문이다. 대타자는 주체가 자신의 질문에 대답할 거라 생각해 묻지만, 주체는 이 질문에 대답할 수 없다. 왜냐하면 주체는 상징적 관계망 속에서 자신이 그 자리를 차지한 이유를 모르기 때문이다. 즉 주체는 대타자의 "질문에 대한 실재의 응답이다"(Zizek, 1989: 178). 대타자의 이런 질문은 주체를 분

---

6) 이런 대타자의 결핍은 주체에게 숨 쉴 공간을 주고 전면적인 소외를 피하게 해준다. Zizek, 1989: 122.

열시키며 히스테리화한다. "주체는 자신 안에 있는 대상에 대한 그 자신의 분열, 분할을 통해서 구성"[7](Zizek, 1989: 181)되므로, 주체는 근본적으로 히스테리적이다. 이런 의미에서 매기뿐 아니라 모든 인간은 히스테리적 주체가 된다.

그렇다면 19세기 영국의 중간계급 여성인 매기에게는 어떤 역할이 호명되었는가? 가령 매기라는 주체에게는 얌전한 딸이자 정숙한 여성이라는 19세기 여성의 역할이 호명된다. 말하자면 19세기 이상적 여성은 매기라는 불안한 히스테리적 주체(떠다니는 기표)를 꿰매는(quilting) 고정점이 된다.[8] 매기의 사촌인 루시 딘(Lucy Deane)은 이런 얌전하고 순종적인 여성이다. 가령 루시는 하얀 피부에 금발 곱슬머리와 "의자에 앉혀 놓으면 한 시간이라도 그대로 앉아"[9] 있는 등 예쁜 외모와 얌전한 태도, 그리고 순종적인 성격을 지녔다. 이렇게 루시처럼 얌전하고 순종적 여성이 되는 것이 바로 매기에게 호명된 역할이다. 즉 사회에서는 매기에게 이런 역할을 기대하며, 매기를 이런 호명된 역할에 고정시키려 한다.

---

7) 지젝은 주체를 호명하는 것이 이데올로기라는 알튀세르의 이데올로기론이 주체의 자율성을 간과했다고 지적한다. http://wallflower.egloos.com/840510. 지젝의 관심은 주체보다 대타자(케보이와 환상)에, 어떤 사회가 가능하냐 하는 점보다 어떻게 불가능한가 하는 점에 있다. Zizek & Daly, 13-15 참조.

8) 라캉은 고정된 의미 없이 떠도는 기표들을 잠정적으로 고정시켜서 의미작용을 가능하게 하는 지점을 "고정점"(또는 누빔점, point de capiton, knotenpunkt)이라 부른다. 양운덕, http://emerge.joins.com/200204/200204-16-1.asp

9) Eliot, George. *The Mill on the Floss* (1860). Harmondsworth: Penguin Books, 1974. 96면. 이제부터 나오는 본문의 인용은 이 판에 의거하여 면수만 표기하기로 한다.

그러나 히스테리적 주체인 매기는 이런 호명에 순응할 수 없다. 그녀는 이런 여성과 거리가 멀며, 이런 여성이 되고 싶은 생각도 없다. 이것은 그녀가 원하는 것이 아니다. 여기서 히스테리적 주체로서 매기의 외모와 성격, 그리고 역할과 기능에 대한 의미 있는 조명이 필요하다. 가령 매기가 얌전한 루시를 진흙에 밀어 넣은 일화(164)에 대해 정신분석적인 조명을 해보자. 올바르지 못한 행동은 반드시 처벌받아야 한다고 생각하는 톰이 매기를 따돌리고 루시와 놀자, 매기는 루시를 진흙에 밀쳐 톰에게 간접적으로 복수한다. 매기가 진정 원하는 것은 톰의 인정과 사랑이지만, 표면상 그녀의 행위는 루시에게의 복수로 나타난다. 대타자가 히스테리적 주체인 매기에게 케보이, 즉 루시에게의 복수를 진정 원하느냐고 묻는다면, 매기는 "이것은 내가 원하는 것이 아니"라고 대답했을 것이다. 이 일화에서 히스테리적 주체로서 매기의 정신분열적 욕망을 엿볼 수 있다. 그런데 이 일화의 배후에는 "연분홍 루시"뿐 아니라 루시로 대변되는 19세기 이상적 여성에게 복수한다는 의미가 숨어 있다. 또한 매기의 외모와 성격 등 그 어느 것도 이 호명된 역할에 일치하지 않는다. 구체적으로 매기는 말을 잘 듣지 않는 뻣뻣한 검은 직모 머리카락을 지녔을 뿐 아니라, 잠시도 가만히 있지 못한다. 가령 매기는 엄마가 강가 둑에 빠져 죽을까봐 늘 걱정할 정도로 강둑을 천방지축으로 뛰어다니는가 하면(60), 엄마가 곱슬머리 컬을 만드는 걸 싫어해 물에 젖은 강아지처럼 머리를 감다 말고 젖은 채로 도망가고(78), 엄마의 최대 근심거리인 뻣뻣한 머리를 아예 가위로 스스로 잘라버려 모든 사람을 경악시키기도 한다(124). 이런 일화에서 금발에 흰 피부 등 이상적 외모와 너무나 동떨어진 그녀의 외모와 반항적이며 도전적인 성격이 드러난다. 게다가 톰보다 영리한 그녀의 강력한 지적 욕망과 성취욕도 당대 여성에게 호명된 역할과는 거리가 있다. 그녀가 상당한 명성을 얻은 18세기 계관시인의 『코린느』라는 책을 즐겨 읽고, 당시 다른 여자애들에 비해 독서를 아주 많이 했으며(66-68), 똑똑한 여자가 되기로 결심하는 데서 이 점이 입증된다. "메두사"(Medusa, 161)라는 별명도 그녀가 호명된 역할을 거부하는 히스테리적 주체임을 입증하는 동시에, 대타자의 부름과 이 부름에 응답하지 않는 히스테리적 주체 사이의 거리를 암시해준다.

이와 같이 대타자는 매기에게 케보이, 즉 진정으로 원하는 것이 무엇인지 묻지만, 매기는 상징적 관계망 속에서 자기가 그 자리를 차지한 이유를 모르기 때문에 이 질문에 대답할 수 없다. 지젝에 의하면 이 케보이의 질문에 대답할 수 있게 해주는 것이 이데올로기적 환상이다.

이데올로기적 환상

이데올로기적 환상이라는 관점에서 세인트 오그스(St. Ogg's) 사회를 분석해 보자. 지젝에 의하면 사회는 항상 적대적 분열에 의해 관통되므로(Zizek, 1989: 126-27), 조화로운 사회란 애초에 불가능하다. 지젝에게 사회는 알튀세르처럼 기존의 체제가 재생산되는 곳이 아니라, 화해할 수 없는 분열된 사회적 갈등과 적대를 은폐하는 곳이다. 즉 대타자의 근본적인 불가능성 때문에 이 사회는 완벽한 사회, 즉 완전한 대타자가 될 수 없다. 이처럼 이데올로기는 개인들이 사회 현실에 대해서 무의식적인 착각과 "가짜 표상"을 갖게 한다. 그럼에도 불구하고, 사람들은 이런 완벽한 사회가 가능하다는 사회 통합의 환상을 갖고 있다. 주체가 환상을 통해 욕망 대상을 찾듯이, 대타자는 조화로운 전체에 대한 사회적 환상을 추구한다(http://emerge.joins.com/200204/200204-16-1.asp 양운덕). 이것이 바로 이데올로기적 환상이다. 이데올로기적 환상이란 상징적 질서 속에 통합될 수 없는 사회의 적대적 분열을 "적대관계에 의해 분열되지 않으며, 사회의 각 부분이 유기적이며 상보적인 관계를 맺는 사회에 대한 비전"(Zizek, 1991: 251-52)을 의미한다. 가령 지젝은 공산주의가 허구라는 것이나 임금님이 벌거벗고 있음을 잘 안다. 그런데 전통적 권위에서처럼 "그럼에도 불구하고"가 아니라, "바로 그 때문에"(just because)("바로 임금님이 벌거벗었기 때문에") 우리는 더욱더 뭉쳐야 한다(Zizek, 1991: 251-52).[10] "개인은 진정 현실이 무엇인지 매우 잘 알지만, 모르는 것처럼 여전히 그렇게 행동한다"(Zizek, 1989: 32). 이데올로기적 환상은 조화로운 사회가 존재하지 않는다는 사실, 즉 대타자의 결핍을 은폐한다(Zizek, 1989: 118).

매기가 살고 있는 세인트 오그스 사회가 지닌 이데올로기적 환상의 속성을 검토해보자. 이 사회는 원래 사회적 갈등과 적대로 분할되어 있

---

10) 이데올로기에 대한 마르크스의 설명인 "그들은 그것을 모르고 행한다"가 지젝에 가면 "그들은 자신들이 무슨 일을 하는지 잘 알지만 그럼에도 불구하고 여전히 그것을 하고 있다."로 바뀐다. 또한 지젝은 이데올로기를 정의하면서 이데올로기적인 신비화 없이는 현실이 재생산될 수 없다고 한다. Zizek, 1989: 28, 32-33. 즉 이데올로기는 현실의 상처를 피하기 위해 현실을 상상적으로 구축하는 궁극적 환상이다. Zizec & Daly, 2004: 10. 따라서 환상은 케보이의 질문을 회피하게 해준다. 김용규, 91.

기 때문에 조화로운 사회가 될 수 없다. 세인트 오그라는 뱃사공에 대한 이 마을의 전설에서 세인트 오그는 아이를 안은 여인이 원하는 대로 아무것도 묻지 않고 한밤중에 배를 저어 건네준다. 이렇듯 인간에 대한 인정과 조건 없는 사랑과 연민, 인간적 유대가 살아있던 예전의 세인트 오그스 사회는 산업주의 사회로 급변하는 과정에서 유기적 공동체의 미덕을 잃어버렸지만, 이 마을 사람들은 아직도 이런 완전한 사회가 가능하다는 사회적 환상 내지 이데올로기적 환상을 갖고 있다. 조지 엘리엇도 예외는 아니다. 인간적 유대가 가능했던 유기적 공동체에 대한 작가의 향수 어린 시선은 작품의 곳곳에서 암시된다. 다시 말해 작가는 이익을 추구하는 산업자본주의 사회로의 변화를 근본적으로 부정하지는 않지만, 산업주의 이전의 옛 시절을 그리워한다는 것이다. 이런 과거의 유기적 공동체에 대한 향수는 사회 구성원 간에 적대가 없고 그야말로 유기적이며 상보적 조화를 이룬 사회에 대한 비전을 암시한다.

그렇다면 세인트 오그스 사회가 통합되지 못한 이유는 무엇일까? 누가 사회통합을 방해하는가? 진짜 이유는 사회의 적대적 분열, 즉 서로 다른 일련의 불순 세력 때문이다. 구체적으로 경제적인 불순 세력(자본의 차이), 정치적 불순 세력(계급 갈등), 도덕적·종교적 불순 세력(성격 차이), 성적인 불순 세력(남녀 차이) 등이 그것이다. 예컨대 털리버(Tulliver)와 딘(Deane), 털리버와 웨이컴(Wakem), 톰과 매기 간의 갈등을 생각해볼 수 있다. 이 중에서도 털리버와 딘의 대조가 단적인 예다. 털리버는 다정하지만 충동적이며 비현실적인 인물로서 이익 위주로 급속히 변화하는 사회에 잘 대처하지 못하는 반면, 딘은 이런 사회에 신속

히 적응하여 크게 성공한다. 털리버는 그의 충직한 일꾼 루크(Luke)와
더불어 급변하는 세상 속에서 늘 어리둥절하고 당황해 하면서, 퍼즐이
나 수수께끼같이 이해할 수 없는 세상이라고 되뇌이면서 옛 시절을 그
리워한다. 구식 부르주아인 털리버는 이런 옛 생활방식과 옛날 사고방
식 때문에 거듭 실패한다. 반면 딘 같은 벤처 사업가는 급부상한 신흥
부르주아로서 스티븐 게스트(Stephen Guest)의 아버지와 동업하여 큰돈
을 벌고 승승장구한다. 이외에 법률가 웨이컴과 톰, 보부상인 밥 제이킨
(Bob Jakin)도 새로운 세력에 발맞춰 적응하려는 인물들이다. 그들의 대
조적인 운명은 같은 중간계급이지만 자본 및 산업 사회에 적응하는 정
도의 차이 등 경제적 적대에서 연유한다. 또한 털리버와 새 사회에 약
삭빠르게 적응한 웨이컴의 불화도 마찬가지다. 그들의 적대는 원래 물
방앗간의 물에 관한 용수권 분쟁에서 비롯되었지만 털리버는 집안의
파산과 몰락을 초래한 웨이컴에게 복수심과 원한을 갖는 등 사업 문제
에 감정을 이입시켜 정신적·육체적·경제적으로 몰락한다. 이외에 톰
과 매기의 갈등은 성적 적대감과 성격 차이에서 연유한 것이다. 이런
적대관계는 한마디로 신구 세력의 알력과 첨예한 갈등이라고 할 수 있
을 것이다.

그럼에도 불구하고, 세인트 오그스 사회에서는 이 사회가 통합되지
못한 이유를 다른 데서 찾는다. 이상적 사회가 못되는 원인을 유대인에
게 돌렸던 반유대주의처럼, 사회적 조화가 불가능한 원인이 일부 매기
에게 전가된다. 즉 사회적 조화를 막는 장애물로서 매기가 형상화된다.
어린 시절을 그린 전반부에서는 매기가 그저 규범에서 벗어난 인물 정

도로 간주된다. 가령 "메두사"라는 별명은 규범적 인물인 루시에 비해, 매기가 사회의 "규범"(norm)에서 벗어난 비정상적 인물임을 암시한다. 메두사는 로마시대에 사악한 귀신을 쫓아내기 위해 건축물에 그리던 극악한 인물로서, 이 별명은 마녀를 물에 빠뜨려 살아나면 마녀로 판명되며 빠져 죽으면 무죄로 판명된다는 마녀 이야기와도 상통된다. 그러나 후반부로 갈수록 매기에 대한 적대적 시선이 강해진다.

이런 매기의 재현에서 지젝의 이데올로기적 환상의 구축과정을 볼 수 있다. 즉 이데올로기적 환상은 꿈의 왜곡 작업의 "전치"(displacement)와 "응축"(condensation)으로 이뤄진다. 지젝이 예로 든 반유대주의의 "유대인 형상" 만들기에 가장 잘 나타나는 전치와 응축이 매기의 재현에서는 어떻게 나타나는지, 즉 매기가 이데올로기적 환상에 어떻게 체계적으로 억압받고 적대감의 희생자가 되는지 살펴보자.

첫째, 원래 건강한 사회가 매기의 침입을 받은 것으로 제시됨으로써, 사회적 조화가 깨진 원인이 많은 부분 매기에게 전치된다. 우선 전치란 꿈 작업 중에 심리적 강력함이 원래 생각과는 무관하게 다른 생각에 전이되는 것을 의미한다. 이처럼 중요한 것과 부차적인 것이 자리를 바꾸는 전치를 통해 사회적 적대가 엉뚱한 곳에 옮겨진다. 원래 적대 때문에 "[온전한 전체인] 사회는 존재하지 않는다"(Zizek, 1989: 127). 그런데 파시즘 이데올로기는 이런 사회에 고유한 적대 및 조화로운 전체가 불가능한 이유를 사회의 일부인 유대인에게 전치시킨다. 즉 사회적 대립을 "건전한 사회 구성체와 그것을 부식시키는 타락한 힘인 유대인 사이의 대립"(Zizek, 1989: 125)으로 전치시킨다. 이로써 조화로운 사회는 존재한 적이 없으며 원래 불가능하다는 외상을 감추려고 한다(Zizek & Daly 10-11).

가장 단적인 예는 매기가 스티븐과 보트를 타고 떠났다가 돌아오는 사건 이후 보이는 마을 사람들의 반응이다. 루시와 필립을 만나려던 매기는 겹친 우연으로 스티븐과 단 둘이 배를 타고 목적지인 머드포트(Mudport)를 지나치는 바람에 스티븐과의 사이에 아무 일도 없었지만 5일 만에 결혼하지 않은 채 집으로 돌아오게 된다. 당시로서는 대단히 파격적인 이 사건은 실은 스티븐의 탓이 더 크다. 그러나 스티븐에게는 아무런 책임 추궁이나 비판이 없고 마을 사람들은 스티븐에게 매우 관대하다. 게다가 매기를 변호하고자 사건의 진상을 설명한 스티븐의 편지 때문에 그를 더 좋게 생각한다. 반면 매기에게는 온갖 비난과 박해가 가해지며, 그녀는 톰 때문에 집에서 쫓겨나 엄마와 함께 밥의 집에 가서 살 정도로 거의 마녀 취급을 당한다. 영원히 손을 떼겠으며, "넌 나와 관계없는 사람"(612)이라는 톰의 발언은 앞으로 너 같은 인간과 엮일 수 없다는 선언이다. 이런 톰의 선언에 마을의 냉담하고도 준엄한 판단과 정죄가 집약되어 있다. 자기 아이들의 가정교사 자리를 맡겨 매기를 도와주려 하던 켄(Kenn) 목사마저 자신이 매기와 결혼하려 한다는 오해를 받게 되자, 매기에게 마을을 떠나는 것만이 그녀가 고통에서 벗어날 수 있는 유일한 길이라고 충고한다. 이처럼 매기는 사회적 조화를 깨뜨린 병균이자 제거해야 할 암적 존재로 간주된다.

둘째로, 이데올로기적 환상의 두 번째 과정은 응축이다. 사회의 대립적이고 이질적인 특징을 "유대인 형상"에 응축시키듯, 매기에게 온갖 부정적 요소와 비난을 "응축"시킨다. 지젝은 응축이 전치를 보완하며 전치에 활력을 주므로, 응축이 더 중요하다고 설명한다(Zizek & Daly 74). 사회는 자신의 내적인 부정성을 유대인에게 투사하여 유대인들은 더러우면서 지적이고, 관능적이면서 성적으로 무능하게 묘사된다(Zizek, 1989: 127, 125). 이런 조작으로 유대인은 경제적으로 폭리를 취하는 자, 정치적으로는 음모가나 비밀 권력을 지닌 자, 도덕적-종교적으로는 타락한 반기독교인, 성적으로는 순진한 소녀들을 유혹하는 자로 묘사된다 (Zizek, 1989: 125).

매기의 경우 경제적 폭리나 정치적 음모는 찾아볼 수 없지만, 도덕적 타락이나 성적 적대감은 찾아볼 수 있다. 그녀는 스티븐과의 사이에 아무 일 없이 돌아오지만 집안에 "수치"(612)를 가져온 도덕적·성적으로 타락한 여성으로 간주된다. 또한 검은 피부와 검은 머리카락, 큰 키와 나이에 비해 조숙한 외모 등은 아름답지만 불길한 요소가 있는 것으로 암시된다. 가령 그녀는 자선 바자회에서 남성들의 뭇시선을 받을 정도로 성적 매력이 있지만, 이 매력은 불길하게 그려진다(548). 한마디로 매기는 유대인처럼 하나의 증상, 즉 "코드화된 메시지, 암호, 사회적 적대의 왜곡된 표상, . . . 건전한 사회 조직을 부패시키는 이질적인 몸" (Zizek, 1989: 126)이 된다. 이와 같이 이데올로기적 환상의 전치와 응축을 통해 유기적이고 통일적 사회가 못된 원인이 매기에게 일부 전가된다.

매기의 죽음과 안티고네의 죽음

라캉과 지젝은 이천 오백 년 전 소포클레스(Sophocles)의 비극 『안티고네』 (*Antigone*)에 등장하는 안티고네의 죽음에 큰 의미를 부여한다. 안티고네는 크레온 왕의 명령을 어기고 당시 관습대로 전장에서 죽은 오빠 폴리니케스(Polynices)의 시신을 묻어준다. 안티고네는 폴리니케스가 오빠이기 때문에 그의 매장과 장례에 집착한다. 먼저 라캉은 그녀가 이른바 "두 죽음 사이에"(모든 사회관계가 상실되는 첫 번째 죽음과 죽음 및 재탄생의 순환이 끝나는 두 번째 죽음 사이에) 자신을 던져 넣고(Lacan, 1997: 279), 크레온 왕의 명령(상징적 질서의 법)보다 국가에 대항하는 죽음(자신의 욕망)을 택했다고 본다. 이런 연유로 라캉은 안티고네의 죽음을 "끝까지 욕망을 포기하지" 않고 "자기 욕망에 끝까지 충실한" 윤리적 죽음 또는 윤리적 실재라고 칭찬한다. 더 나아가 지젝은 안티고네의 이런 "무조건적 요구"(unconditional demand)(Zizek, 1992: 46)에서 대타자의 욕망과 단절하는 독립된 주체의 무조건적인 자율성을 읽어낸다.[11]

---

11) 『안티고네』의 해석에서 라캉과 지젝의 관심은 다르다. 라캉에게 안티고네의 행위는 상징적 질서를 떠나 실재 차원에서 벌어지는 윤리적 사건이다. Jacque Lacan, *The Ethics*, 311. 지젝의 관심은 판타지와 유령을 가로질러 실재와 대면하는 사건이 윤리적일 뿐만 아니라 상징질서를 반복하고 재생산하는 현실 이데올로기와 초자아의 명령에 정면으로 맞서는 행위이며 대타자의 불완전성을 드러내는 정치적 사건이다. Zizek. "Class Struggle or Postmodernism? Yes, Please", 121, 특히 120-28 참조. 김용규는 지젝이 책임과 자율에 근거한 실재의 윤리를 주장하며, 실재계의 윤리란 주체가 정상적이고 병리적인 상징적 법의 구속에서 벗어나 실재계와 정직하게 대면하려는 것이라 설명한다. 김용규, 103, 106, 107 참조.

　　라캉은 안티고네의 비극적 행위를 "실재의 윤리"의 구체적 사례로 설명함으로써 정신분석학에 윤리적 차원을 부여했다면, 지젝은 안티고네의 행위를 지젝의 그렇다면 안티고네의 행위에 입각해서 볼 때, 매기의 죽음은 어떻게 평가될까? 스티븐과의 결혼을 거부하고 계속 수모당해야 하는 현실과 이런 고통스런 현실에서 벗어날 수 있는 유일한 돌파구인 스티븐과의 결혼 사이에서 고민하던 매기는 우연히 닥친 홍수 속에서 익사한다. 즉 매기는 19세기 이상적 여성의 역할을 요구하는 대타자의 케보이와 히스테리적 주체의 욕망 사이에서 고민하던 중이었다. 작가는 매기가 스티븐과의 사건 후에 예전과 같이 사회에 통합되어 살 수 없으므로, 홍수 속에서 매기를 죽게 한다. 작가는 매기가 사회적 대립과 적대를 일으킨 원인이라면, 그녀를 제거하면 사회적 질서와 정체성, 안정, 동일성 등을 회복할 것으로 생각한 듯하다. 즉 매기만 제거되면 조화로운 사회가 가능할 것으로 보였다는 것이다.

이제까지 대부분의 비평에서는 매기의 익사가 전반부에서 보여주던 사회의 요구에 대한 그녀의 치열한 투쟁을 포기한 임의적 결말이자 애매한 죽음이라고 비난해왔다. 매기는 지적 성취든 스티븐과의 사랑이든 자기 욕망을 쉽게 포기하지 않지만, 그렇다고 안티고네처럼 끝까지 자기 욕망을 추구하지도, 대타자의 상징적 질서에 적극적으로 대항하지도 않는다. 그녀는 톰과 루시, 필립 등 어린 시절의 유대를 배반하지 못해 스티븐과 결혼할 수도 없고, 이데올로기적 환상의 구축과정에서 자신을 타락한 여인으로 취급해 사회적 적대의 책임을 자신에게 전치·응축시

이데올로기 분석과 연결시켜 정치적 기획으로 수렴시킨다. 이윤성, 329, 330. 판타지와 유령을 가로지르는 지젝의 이데올로기 분석과 라캉의 "실재의 윤리"는 구체적인 행위, 특히 "비극적인 행위"를 매개로 연결된다. Zizek, 1989: 114-17 참조. 라캉과 지젝의 "실재의 윤리"에 대해 이윤성, 340-50, 김용규, 103-07, 양운덕 참조.

키는 사회의 비난과 모멸을 더 이상 견디기 어려운 진퇴양난의 딜레마에 처해 있었던 것이다. 지젝 식으로 표현하자면, 그녀는 대타자의 부름과 히스테리적 주체의 응답 사이에서 진동하다가 익사하며, 매기의 익사는 안티고네의 죽음과는 달리 "실재의 윤리"(an ethics of the Real)에 도달하지 못한다. 이처럼 매기의 죽음과 안티고네의 죽음 간에 상당한 거리가 있다는 것은 매기의 익사에 비판적인 이제까지 대부분의 비평과 같은 입장이지만, 그 비판의 근거는 다르다. 이 점에서 매기와 안티고네의 죽음을 비교해보는 작업이 의미를 가질 수 있을 것이다.

그런데 매기는 홍수 속에서 톰과 잠시 화해하고 함께 손을 잡고 사회적 적대와 대립을 모르던 어린 시절로 돌아가는 환상 속에서 죽는 것으로 묘사된다.

> 남매는 서로 좋아 고사리같이 작은 손을 꼭 잡은 채 데이지 꽃이
> 만발한 들판을 함께 돌아다니던 시절, 그 좋았던 시절로 다시 돌아
> 가 결코 헤어지지 않게 꼭 끌어안고 가라앉아 버렸다. (655)

남매의 이런 일시적 화합의 묘사는 엘리엇의 이데올로기적 환상을 보여준다. 작가는 사회적 갈등의 일부 원인을 매기에게 부여한 뒤 매기를 제거해 사회통합이 가능함을 보여주는 동시에, 적대적 관계로 분할되지 않고 유기적이며 상보적 부분으로 이뤄진 사회의 비전을 암시하는 것으로 보인다. 즉 남매의 홍수 속 화해를 통해 사회적 조화, 즉 매기라는 불안한 상징적 기표를 다시 고정시키는 소원 성취적 비전을 제시한다는 것이다.

그러나 과연 매기를 없앤다고 사회적 조화가 가능할 것인가? 이 사회적 조화가 가능할 것인지도 문제지만, 또 하나의 문제는 이 홍수 속에서 톰과 사회도 같이 사라져 버린다는 것이다. 홍수를 통해 사회도 같이 파괴해버린 이 결말은 적대 없는 조화로운 사회가 존재하지 않는다는 사실을 역설적으로 암시하는 것으로 보인다. 또한 "결말"에서 오년 뒤 홍수로 야기된 파괴가 거의 회복되었지만, 그 상처가 다 아물지는 않은 것으로 묘사된다. "자연은 파괴를 회복시켰지만, 완전히는 아니었다. . . . 과거에 머문 사람의 눈에는, 완전히 회복되지 않았다"(656). 이 마지막 장면의 쓸쓸함은 사회적 조화가 원초적으로 불가능하다는 실재(the Real)의 결핍을 암시하는 듯하다. 여기서 "사회 통합의 환상을 유지하면서도 동시에 거리를 두려고 하는"(Zizek & Daly 74) 이데올로기의 또 다른 측면을 짐작해 볼 수 있다.

3

이와 같이 지젝의 이데올로기와 주체라는 개념에 입각하여 이 작품을 분석해 보았다. 구체적으로 매기의 재현에서 대타자의 케보이와 히스테리적 주체, 이데올로기적 환상, 이데올로기적 환상의 구축과정인 전치와 응축, 그리고 안티고네의 죽음과 관련하여 매기의 죽음을 살펴보았다. 이런 접근은 19세기 성 이데올로기나 "상징폭력"과 관련하여 보는 페미니즘 비평이나 사회학적 접근보다 이 작품을 새로운 각도에서 이해하게 해줄 뿐 아니라, 히스테리적 주체로서 매기에 대한 정신분석적인 의미와 세인트 오그스 사회가 지닌 이데올로기적 환상의 정치적 함의까지 포괄적으로 이해하게 해준다. 또한 이런 분석은 19세기 작가 엘리엇의 작품에 21세기 지젝의 개념을 적용해 그의 이론이 신기하게도 잘 들어맞기 때문에, 대단히 재미있고 흥미로운 작업이었다. 이것이 19세기 작품에 현대 비평을 적용하여 새로운 의미를 발견하는 시대를 초월한 문학 텍스트 분석의 현재성이라 할 것이다. 여기서 작가 엘리엇의 시대를 앞선 의식과 선견지명을 확인해볼 수 있었다.

인용문헌

권택영. 『잉여 쾌락의 시대: 지젝의 후기산업사회 비판』. 서울: 문예출판사, 2003.

김용규. 「지젝의 대타자와 실재계의 윤리」. 『비평과 이론』 14 (2004): 81-116.

이윤성. 「지젝의 포스트모던 이데올로기론 혹은 판타지와 유령을 가로지르기」. 『안과 밖』, 17 (2004): 326-51.

지젝, 슬라보예 지음. 김소연, 유재희 옮김. 『삐딱하게 보기: 대중문화를 통한 라캉의 이해』(*Looking Awry: An Introduction to Jacques Lacan through Popular Culture*, 1991). 서울: 시각과 언어, 1995.

지젝, 슬라보예 지음. 이수련 옮김. 『이데올로기라는 숭고한 대상』. 서울: 인간사랑, 2001.

지젝, 슬라보예 지음. 주은우 옮김. 『당신의 징후를 즐겨라! 할리우드의 정신분석』(*Enjoy Tour Symptom!: Jacques Lacan in Hollywood and out*, 1992). 서울: 한나래, 1997.

지젝, 슬라보예 지음. 김소연 옮김. 『항상 라캉에 대해 알고 싶었지만 감히 히 치콕에게 물어보지 못한 모든 것』(*Everything You Always Wanted to Know about Lacan But Were Afraid to Ask Hitchcock,* 1992). 서울: 새물결, 2001.

Eliot, George. *The Mill on the Floss* (1860). Harmondsworth: Penguin, 1974.

Evans, Dylan. *An Introductory Dictionary of Lacanian Psychoanalysis.* London: Routledge, 1996.

Lacan, Jacque. *The Ethics of Psychoanalysis: The Seminar of Jacque Lacan Book VII 1959-1960,* ed. by Jacques-Alain Miller and Trans. by Dennis Porter. New York: Norton, 1997.

Showalter, Elaine. *A Literature of Their Own: British Women Novelists from Bronte to Lessing.* New Jersey: Princeton UP, 1977.

Zizek, Slavoj & Glyn Daly. *Conversations with Zizek/ Slavoj Zizek and Glen Daly.* Cambridge, UK: Polity, 2004.

Zizek Slavoj. "Class Struggle or Postmodernism? Yes, Please." *Contingency, Hegemony, Universality: Contemporary Dialogues on the Self, Judith Butler, Ernesto Laclau and Slavoj Zizek.* London: Verso, 2000.

_____. *The Sublime Object of Ideology.* London & New York: Verso, 1989.

http://emerge.joins.com/200204/200204-16-1.asp 양운덕. "정신분석학적 사회이론: 사회적 환상이여, 타자의 결핍을 메워라!－실재계에 대한 재해석을 중 심으로".

http://www.morning365.com/book/book_detail 출판사 서평. "<잉여쾌락의 시대> 가 말하고 있는 것"

http://wallflower.egloos.com/840510 이택광. "라캉, 수용의 문제: 문화 분석에서 라캉 사용하기." (2004.12.17)

http://www.ybooks.co.kr/ypbooks/WebHome/specdm/ "누가 슬라보예 지젝을 미워 하는가?"

http://b-book.co.kr/newbook/view-article

6

조지 엘리엇과 "인류교"
—『플로스강의 물방앗간』과 "돌아온 탕자"

1

조지 엘리엇(George Eliot, 1819-80)의『플로스강의 물방앗간』(*The Mill on the Floss*, 1860)은 19세기 중반에 쓰인 작품이지만, 현대 비평가의 여러 개념에 의거하여 접근해도 조금도 손색이 없다. 이런 연유로 미국 대학가에서 페미니즘 비평이 활성화된 1980년대 후반 이후 21세기인 지금까지 엘리엇의 가장 중요한 작품으로 급부상해 꾸준히 주목받고 있으며, 오히려 엘리엇의 원숙기 최고 걸작이라는『미들마치』보다도 더욱 활발하게 연구되고 있다.

지금까지 이 작품에 관해 주제나 형식면에서 접근한 논문은 많이 있었지만, 이 작품에 많이 등장하는 성경적 내용에 대한 국내 연구는 거의 없었다. 이 연구에서는 이런 성경적 암시에 무슨 의미가 있는지, 이런 성경적 언급을 어떻게 해석해야 할 것인지 루드비히 A. 포이에르바하(Ludwig A. Fuerbach, 1804-72)의 "인류교"(Religion of humanity)와 관련하여 분석해 볼 것이다. 이처럼 엘리엇의 작품 속 성경적 언급을 분석하는 작업은 언뜻 지나간 과거의 진부하고 케케묵은 따분한 작업으로 보일지 모르나, 엘리엇의 작품세계는 물론 그녀의 예술관과 종교관을 더욱 새롭고도 깊이 있게 이해하게 해줄 것이다.

우선 엘리엇의 종교관을 살펴보자. 엘리엇은 "평생 종교에 집착"(Philip C. Rule. "The Mystery beneath the Real: Theology in the Fiction of George Eliot." http://findarticles.com/p/articles/ "Mystery beneath the Real: Theology in the Fiction of George Eliot")했다고 표현될 만큼 기독교에 깊은 관심을 지녔다. 그녀는 20세까지 매우 경건하고 신실한 정통 기독교인이었지만, 그 후에는 정통 기독교를 버리고 독특한 보편적인 인간성(common humanity)에 입각한 비국교 교리를 택한다. 이런 변화의 계기로서 다음 몇 가지 점을 생각해볼 수 있다. 첫째, 그녀의 가정적 배경을 생각해볼 수 있다. 그녀는 아버지를 비롯하여 매우 기독교적 분위기의 집안에서 태어났지만, 코벤트리(Coventry)로 이사한 뒤 크게 바뀐다. 구체적으로 그녀는 영국 중부의 보수적인 교회(Low Church)를 열심히 믿던 워릭셔(Warwickshire) 지방에서 태어나(George Eliot: Biography and Much More from Answers.com: http://www.answers.com/topic/george-eliot) 아버리 홀(Arbury Hall)의 농장 관리인을 지낸 아버지 덕분에 매우 엄격한

청교도적 배경에서 자랐으며, 언니 크리스테나(Christina)와 함께 1828년부터 1832년까지 넌이튼(Nuneaton) 기숙학교의 열렬한 복음주의자인 마리아 루이스(Maria Lewis) 교장의 영향으로 독서나 연극 같은 세상 즐거움을 포기하고 종교적 헌신과 자기 절제에 몰두한다. 하지만 그녀는 21세에 당시 급진적 사상의 중심지였던 코벤트리로 이사한 뒤, 브레이 집안(Bray family)과 헨넬 집안(the Hennells)같은 자유사상 지성인들과 사귀면서 큰 영향을 받게 된다. 가령 그녀는 찰스 헨넬(Charls Hennell, 1809-50)[1]의 저서인 『기독교의 기원에 관한 연구』(An Inquiry into the Origins of Christianity, 1838)를 읽고 기존 기독교 신앙을 버릴 근거를 발견한다.[2] 이런 독서의 영향으로 엘리엇은 정통적인 기독교, 즉 복음주의(Evangelicalism)를 버리고 비극적이며 결정주의적 세계관을 갖게 된다.

둘째, 교회출석 거부로 인한 그녀의 가출 사건이 있다. 1842년에 그녀가 일요일에 교회 출석을 거부하자 이 일로 아버지의 노여움과 분노를 사게 되어 급기야 가출까지 하지만, 정점에 이른 부녀간의 갈등은 오빠인 아이작(Isaac)의 중재로 해결된다. 다시 집에 들어와 일요일마다 교회에 출석하기로 약속함으로써 아버지와 가까스로 화해하지만, 그녀는 이 때 정통 기독교 신앙을 포기한다. 이외에도 그녀는 신약성서의

---

1) 찰스 브레이는 리본 제조업자였으나 자신의 생업보다 지적 탐구에 더 관심을 갖고 있었으며, 그의 집은 저명인사들의 집합장소였다. George Eliot: Biography and Much More from Answers.com(http://www.answers.com/topic/george-eliot)

2) 이 책에서는 예수의 부활이 사도들의 상상 속에서 일어난 것일 뿐, 예수의 중요성은 그가 비범한 용기와 통찰력의 소유자라는 사실에 있으며 예수가 하나님의 아들이라는 사도들의 신앙 때문에 이전에 없었던 고귀한 도덕적 비전을 얻게 되었다고 주장한다. G. S. Haight(1968), R. Ashton(1997), G. Beer(1983) 참조.

예수 신성을 초기 기독교인들이 쓴 신화로 보는 것이 옳다고 주장한 D. F. 스트라우스(Strauss, 1808-74)의 독일어판 『예수의 생애』(*The Life of Jesus*)를 『비판적으로 점검한 예수의 생애』(*The Life of Jesus, Critically Examined*, 1846)로 영역한 일로 인해 정통 기독교 신앙을 버리게 된다.

셋째, 그녀가 정통 기독교 신앙을 버리는데 가장 결정적인 영향을 미친 계기는 포이에르바하의 "인류교"[3]로 보인다. "인류교"는 원래 콩트(Comte)가 시작한 것이지만, 엘리엇은 포이에르바하의 "인류교"에 더 큰 영향을 받았다. 가령 1854년에 포이에르바하의 『기독교의 본질』 (*Essence of Christianity*)을 번역한 그녀는 이 책에 크게 감명을 받은 나머지 종교를 좀 더 넓은 인간성이라는 영역 속에 포용하게 된다.

포이에르바하의 "인류교"의 핵심은 유일신에 대한 절대적 믿음이 와해되던 19세기에[4] 근본 실재는 신이 아니라 인간이라 주장함으로써

---

3) 엘리엇에게 가장 큰 영향을 미친 세 명의 인물(프랑스의 사회 철학자이자 실증주의자인 오거스트 콩트와 철학자와 역사가인 포이에르바하, 그리고 스피노자(Spinoza)) 중에서 종교적으로는 포이에르바하에게 가장 큰 영향을 받은 것으로 보인다. 포이에르바하는 피안의 인격적 신에 대한 표상은 단지 환상적으로 미리 취해진 "근본 없는 사치한 인간의 소원충족"이라 주장했다. 또한 윤리의 완전한 전개는 오직 인간적 공감의 감각적 생생함에만 기초를 둔다고 보았다. 그는 인간의 신에 대한 관념이 결국 인간의 감정과 요구를 떠나 존재할 수 없다, 즉 절대 정신이나 신에 대한 인간의 관념이 인간의 실존을 반영할 뿐이라고 주장했다. 쿠르트 프리틀라인, 378-79 참조.

　　또한 엘리엇의 "religion of humanity"는 특별히 새로운 종교라기보다 정통 기독교에서 한 걸음 더 나아가 약자에 대한 연민과 공감(내지 인류애나 박애주의, 인도주의)을 강조한 것이지만, 적당한 번역어가 없어 보통 "인류교"로 통용된다.

4) 가령 『플로스강의 물방앗간』이 출판되기 일 년 전인 1859년에 찰스 다윈(Charles

(새무얼 스텀프, 549-50) 역사 발전의 중심을 신에서 인간으로 옮긴 것이다. 그는 "인간이 신이라 부른 모든 것은 실은 인간의 자질과 필요, 욕망의 집합"이며, 인간은 자기 형상대로 신을 창조하고 인간의 본성이 인간에게 최고의 본성이라면 첫 번째 최고의 법칙은 "인간에 대한 인간의 사랑"(Feuerbach 271: Galloway, Shiirley http://www.cyberpat.com/Shirlsite/essays/casuist.html에서 재인용)이라고 주장했다. 그는 신앙에 대한 기독교적 개념을 사랑과 병치할 때 둘은 상충하므로, 기독교에서 믿음을 빼야 사랑이 인도하고 치유하는 힘을 갖게 된다고 주장했다. 즉 사랑이 인간을 결합시키는 가장 강력한 힘이자 기독교의 본질이라는 것이다 (Feuerbach 271: Galloway, Shiirley http://www.cyberpat.com/Shirlsite/essays/casuist.html에서 재인용). 간단히 말하자면 신이 사라진 19세기에 신을 대신할 만한 존재가 무엇인지 고심하던 엘리엇은 세상을 구원할 힘을 이런 타인에 대한 사랑과 희생, 연민에서 찾았다는 것이다. 이것이 바로 현대의 신이라 할 수 있는 "인류교"다. 다시 말해 엘리엇은 인간의 의지와 타인에 대한 사랑과 연민, 이해로 신의 자리를 메꾸려 했지만, 인간의 행동에 대한 개인의 책임과 의지, 인과응보를 강조했다는 점에서 부정적이기만 한 무신론과는 구별된다.

이런 종교관은 엘리엇의 작품세계를 이해하는데 있어 매우 중요하다. 왜냐하면 이는 예술의 궁극적 목적이 타인에 대한 연민과 공감을 확대시키는 것이라는 엘리엇의 예술관과 밀접한 관련을 맺고 있기 때

Darwin, 1809-82)의 『종의 기원』(*The Origin of Species*)이 출판되는 등 당시는 종교적 · 사회적 격변기였다. G. S. Haight(1968), R. Ashton(1997) 참조.

문이다. 즉 엘리엇은 진정한 예술가가 우리에게 베푸는 가장 큰 혜택이 "공감의 확대"라고 생각했던 것이다(Pinney 270). 가령 "독일 생활의 자연사"(The Natural History of German Life, July 1856)라는 에세이에서 그녀는 영국 시골을 그린 초기 소설의 문학적 모델인 월터 스콧(Sir Walter Scott)과 윌리엄 워즈워스(William Wordsworth)를 예로 들어 예술이란 "우리 공감을 확대"시켜야 한다고 주장했다(Pinney 270). 이런 예술관은 포이에르바하의 "인류교"에서 사랑을 강조하는 것과 같은 맥락의 얘기라 할 수 있을 것이다.

기독교에 대한 이런 관심 때문에, 엘리엇의 거의 모든 작품에는 성경적 내용이나 신앙심 깊고 경건한 인물들이 많이 등장한다. 엘리엇에게 있어서 성경적 우화는 일상생활을 통해 믿을 수 없는 일(the fabulous)을 보여주는 방안이다(Purdy). 이런 맥락에서 "놀라운 것과 일상 세계, 우화와 현실"을 섞은 게 성경이라는 지적(Fisch 352-54)은 매우 적합하다. 이는 예수가 우화나 비유를 통해 어려운 내용을 쉽게 풀어 설명한 것을 생각하면 쉽게 이해되는 바이다. 따라서 엘리엇의 작품에 나오는 성경적 함의는 첫 작품『시골 생활 풍경』(*Scenes of Clerical Life*, 1858)부터 마지막 작품인『대니얼 데론다』(*Daniel Deronda*, 1876)까지 엘리엇의 일관된 관심사라 할 수 있다.5)『플로스강의 물방앗간』도 예외는 아니어서, 탕

---

5) 주요 작품만 대강 훑어보자.『시골 생활 풍경』에는 아모스 바톤(Amos Barton) 목사가 등장하며,『애덤 비드』(*Adam Bede*, 1859)에는 엘리엇의 이모를 모델로 한 믿음 깊은 감리교 목사 다이너(Dinah)가,『사일러스 마너』(*Silas Marner*, 1861)에는 친구의 배반으로 교회에서 소외되자 사회에서도 소외된 사일러스(Silas)가 인간에 대한 신뢰를 잃었다가 어린아이를 통해 사회에 복귀하는 과정이,『미들마치』(*Middlemarch*,

자 얘기 및 씨 뿌리는 자, 착한 사마리아인, 알곡과 가라지, 야엘(Jael), 드라빔(Teraphim), 토마스 아 켐피스(Thomas à Kempis), 사울(Saul)과 요나단(Jonathan) 등 성경에 관한 언급이 많이 나온다. 그 중에서도 가장 두드러진 성경적 암시라면 우선 한밤중에 아기를 안은 여인을 건네주어 축복을 받았다는 뱃사공 세인트 오그(St. Ogg)에 관한 전설과 마녀 이야기(물에 빠뜨려 수영해 살아나면 마녀로 판정되고 빠져 죽으면 죄 없이 무고한 여인으로 판정된다는)를 들 수 있다. 일례로 뱃사공 오그 얘기는 과거의 세인트 오그 사회에는 불쌍한 여인에 대한 연민과 동정이 있었지만, 지금은 이 사회에 그런 것들이 사라졌음을 암시한다.[6] 이외에

1871-72)에서는 "서곡"의 성 테레사 수녀와 이타적인 도로시아(Dorothea) 외에도 페어브라더(Farebrother) 목사와 신앙심 깊은 메리(Mary) 등이 등장한다. 15세기 후반 플로렌스를 배경으로 한 『로몰라』(*Romola*, 1862-63)에는 르네상스 휴머니즘과 마키아벨리적 정치, 그리고 종교부흥운동을 초월하여 '인류교'에 의지하는 경건한 로몰라와 종교를 부흥시키려는 사보나롤라(Savonarola) 신부가, 『대니얼 데론다』에는 경건한 데론다(Deronda)와 시오니즘(Zionism)이 등장한다.

6) 12장에 이 소설의 역사적·지리적 배경인 세인트 오그스 읍의 장구한 역사가 묘사된다. 로마 시대와 색슨족의 시대, 그리고 노르만족의 시대까지 거슬러 올라가 다른 사람에게 연민을 보여줌으로써 이 읍의 수호성인이 된 뱃사공 오그에 관해 서술된다. 플로스강의 뱃사공 오그는 어느 비 오는 날 밤에 아무 것도 묻지 않고 아기 안은 여인을 배로 건네준다. 강 언덕에 발을 디디자 성모 마리아로 밝혀진 그녀는 오그의 연민 때문에 그를 축복한다. 이후 닥친 홍수에서 뱃머리에 앉은 성모 마리아와 오그의 모습 덕분에 노 젓는 사람들이 용기를 얻음으로써, 많은 사람들이 목숨을 구했다는 전설이 전해진다. 요컨대 오그에 대한 전설에서 타인에 대한 공감과 연민의 중요성이라는 이 소설의 주제가 강조된다는 것이다. Eliot, George. *The Mill on the Floss*. Harmondsworth: Penguin, 1974, 181-83 참조. 이제부터 나오는 본문의 인용은 이 판에 의거하여 면수만 표기하고, 제목도 『물방앗간』으로 약칭하기로 한다.

"돌아온 탕자"(The return of a prodigal son)의 우화는 이 작품은 물론 작가의 예술관 및 이 예술관과 밀접한 관련을 맺고 있는 "인류교"를 이해하는데 있어 매우 중요한 내용으로 보인다. 그러므로 이 논문에서는 이 작품에 들어 있는 많은 성경 내용 중 "돌아온 탕자" 이야기에 초점을 맞추어 작품을 분석해 보면서 엘리엇 특유의 기독교관을 분석해 보고자 한다. 왜냐하면 탕자의 비유는 그저 성서상의 사소한 이미지 하나에 그치는 것이 아니라, 이 작품 전체를 관통하는 커다란 하나의 의미축이 되기 때문이다. 이런 비유를 통해 엘리엇이 인본주의적 사고로 기독교를 재해석하여 연민 등을 강조하는 인본주의적 기독교관을 주장했음이 밝혀질 것이다. 다시 말해 이 탕자 우화를 통해 엘리엇의 예술관과 "인류교"의 상호 밀접한 관계를 분석하는 것이 본 논문의 요지라 할 수 있다.

2

"돌아온 탕자"

작품 분석에 들어가기 전에 성경에 나오는 "돌아온 탕자" 얘기를 좀 더 자세히 살펴보자. 탕자의 우화는 (잃어버린 한 마리 양을 찾아낸 목자와 잃어버린 은화를 찾고 기뻐하는 여인의 우화와 더불어) 죄인의 구원에 관한 세 가지 우화 중 마지막 것이다. 어떤 아버지에게 두 아들이 있었는데, 둘째 아들은 아버지가 돌아가시기도 전에 미리 자기 몫의 유산을 달라고 하여 집을 나갔다가 외국에서 방탕한 생활로 가산을 탕진한 뒤 죽을 고생을 하며 굶주리게 된다. 그는 돼지에게 주는 쥐엄 열매를 주 워 먹을 정도에 이르자, 이렇게 굶어 죽느니 아버지 집에 돌아가 종이 되더라도 배불리 먹고 싶어 아버지 집에 돌아가기로 결심한다. 집에 돌 아오자, 작은 아들을 늘 기다리던 아버지는 멀리서 보고 뛰어나와 껴안 고 금반지를 끼워주며 살찐 송아지를 잡아 큰 잔치를 베풀어 아들의 귀 환을 크게 환영한다는 얘기다(누가복음 15: 1-31).

이 작품에서 "돌아온 탕자"에 대한 명시적 언급은 아홉 살 난 매기 가 물방앗간 일꾼인 루크(Luke)의 집에 놀러가서 그림을 보는 장면에서 약 한 면에 걸쳐 나온다. 매기는 탕자를 그린 "놀라운 연작 시리즈"(83) 속의 탕자에게 각별히 동정심과 연민을 느낀다. 아버지가 그를 받아들 여 줘서 기쁘던 매기는 집에 돌아온 탕자가 후일 어떻게 되었는지 궁 금해 하면서 뭔가 더 나은 존재가 되었기를 기대하지만, 별로 훌륭한 인물이 못 되었을 거라는 루크의 말에 안타까워한다. 매기가 "그 젊은 이의 후일담이 그렇게 공백으로 남지 않기를"(83) 바라면서 아쉬워하는 이유는 자신을 탕자와 동일시했기 때문이다.

이 유명한 일화는 다양한 각도에서 해석할 수 있으나, 주로 1) 우리 의 잘못에도 불구하고 변함없이 따뜻하게 맞아주는 아버지의 무한한 절대적 사랑, 그리고 2) 용서받은 탕자의 회개와 감사, 그리고 이후 그 의 달라진 생활을 예증하는 것으로 해석된다. 이외에 맏아들의 불만 섞 인 반응에 주목해야 한다. 맏아들이 아버지의 안타까운 심정을 알았다 면, 집에서 일만 하지 말고 동생을 직접 찾아 나서거나 좀 더 적극적인 노력을 했어야 했을 것이다. 그러나 그는 아버지가 돌아온 둘째를 환영할 때 동생에 대한 연민 없이 자신을 위해서는 염소 새끼나 양 한 마리도 잡지 않았다고 아버지 곁에서 그간 열심히 일한 자신을 알아주지 않는 아버지에게 불만을 토로한다.

이 일화에서 매기가 1) 자신의 생활에 대한 불만으로 가출했다가, 2) 고생한 뒤 집에 돌아와 아버지에게 환대받는 패턴을 볼 수 있다. 이런 "돌아온 탕자"의 패턴은 이 작품에서 점점 커지는 동심원 형태로 두 번 반복된다. 톰과의 갈등으로 낙심한 매기가 집시 여왕이 되고자 집시들에게 도망갔다가 집에 되돌아오는 어린 시절의 첫 번째 일화에서[7] 매기는 명백히 "돌아온 탕자"인 둘째 아들에 비유된다. 집시에게 도망갔다가 돌아온 매기는 아버지에게 야단맞기는커녕 환대받고, 절대로 야단치지 말라는 아버지의 엄명 덕분에 엄마와 오빠에게 한 마디 야단도 맞지 않는다.

그러나 매기가 성장한 뒤에는 모든 양상이 달라진다. 두 번째 일화

---

7) 평소에 집시 같다거나 "거칠다"는 말을 들을 때면 집시들에게 가는 상상을 했던 매기는 자신의 탁월한 지식 때문에 자신을 집시 여왕으로 존경할 거라 기대하며 가출한다. 즉 매기는 남에게 인정받고 싶은 욕구 때문에 집시들이 사는 던로우 공지에 있는 집시촌에 도착하지만, 막상 집시들은 그녀를 환대하고 존경하기는커녕 매기의 모자와 소지품에만 관심을 보인다. 이에 매기는 자기 생각과는 다른 현실, 즉 집시들이 자기 생각과 달리 더럽고 거친 데 대해 크게 실망한다. 집에 돌아오고 싶어하던 차에 다행히 매기를 부잣집 딸로 짐작해 보상금을 바라고 집에 데려다준 집시 덕분에 집에 돌아온다. 털리버는 매기를 보고 놀라지만, 아무 것도 묻지 않고 매기를 얼싸안고 환영하며 매기를 데려다준 집시에게 5실링을 주며 후히 사례한다. 매기는 아버지에게 이제 다시 집을 떠나지 않겠다고 다짐한다. Eliot, George. *The Mill*, 168-180 참조

에서 매기는 본의 아니게 스티븐과 집을 떠났다가 5일 만에 돌아옴으로써 다시 "돌아온 탕자"가 되지만, 아버지가 돌아가셨기 때문에 환대는 커녕 엄청난 냉대를 받게 된다. 이 사건의 정황을 구체적으로 살펴보자. 아버지가 파산한 뒤 2년간 외지에서 고달프고 힘든 가정교사 생활을 하다 돌아가신 풀릿 이모 대신 엄마가 살림을 돌봐주는 사촌 루시네 집에 돌아온 매기는 사촌인 루시의 묵시적 약혼자인 스티븐에게 매우 이끌리던 중 일부러 떠난 것은 아니지만 겹친 우연으로 또 다시 집을 떠나게 된다. 루시는 필립과 매기를 맺어주려고 그들 둘이 보트를 타도록 일부러 먼저 떠났던 것이다. 게다가 원래 보트를 저어주기로 했던 필립이 스티븐에 대한 질투 때문에 밤을 꼬박 지새운 탓에 다음날 아파서 약속을 못 지키게 되자 스티븐에게 대신 노를 저어 달라고 부탁하는 바람에, 스티븐과 단 둘이 보트를 타게 된다. 매기는 루시와 만나기로 했던 목적지인 루크레스(Luckreth)를 우연히 지나치자 멀리 스코틀랜드로 가서 결혼하자는 스티븐의 구애를 뿌리치고 혼자 집에 돌아온다.

이전처럼 마을을 떠난 매기가 후회하고 집으로 돌아오는 것은 비슷하지만, 이번에는 모든 것을 용서하고 두 팔을 벌려 안아줄 아버지가 계시지 않는다. 따라서 아버지에게 환대받던 첫 번째와 달리, 매기는 톰과 마을 사람들에게 엄청난 냉대와 비난만 받게 된다. 가령 톰은 매기를 집안에 수치를 가져온 타락한 여성으로 취급한 나머지, 돌아온 매기의 말을 자세히 듣지도 않고 집에서 나가라고 쫓아낸다.

"오빠," 그녀가 힘없이 입을 열었다. "오빠에게 돌아왔어. 집에 돌아왔어. 쉬려고 모든 것을 말하려고."

"난 너 같은 동생 둔 적 없어." 그는 분노로 떨면서 말했다. "넌 우리 얼굴에 먹칠을 했어. 아버지 이름을 더럽혔어. 제일 친한 친구들을 욕보였어. 비열한 거짓말쟁이. 아무 것도 널 막지 못하지. 영원히 난 네게 손 씻었어. 이제 우린 남남이야."

(...)

"오빠," 매기는 안간힘을 쓰며 말했다. "난 오빠가 생각하는 것처럼 그렇게 잘못하지 않았어. 내 마음 내키는 대로 한 건 아냐. 나는 그러지 않으려고 노력했어. 화요일에는 보트가 너무 멀리까지 가는 바람에 돌아오지 못했어. 그렇지만 최대한 빨리 돌아왔어."

(...)

"오빠," 그녀는 말할 용기를 얻기 위해 망토 밑으로 두 손을 꽉 쥐었다. "무슨 짓을 했든지 간에 정말 후회하고 있어. 보상을 하고 싶어. 뭐든지 참을게. 다시는 나쁜 짓을 하지 않게 막아줬으면 좋겠어."

"널 어떻게 막아?" 톰은 잔인하도록 쓰디쓰게 말했다. "종교도 소용없고, 감사와 명예심도 소용없는데. 그리고 그 사람 말이야. 만일 그게 소용이 있었다면 그는 총살당해야 마땅할 거야. 그런데 넌 그 사람보다 훨씬 더 나빠. 난 네 인격과 행동에 진저리가 나. (...) 먹고 살 건 내가 대주지. 필요하면 어머니께 말해. 그렇지만 내 집에는 들어올 수 없어. 네 불명예를 안고 사는 것만 해도 끔찍해. 난 네 꼴도 보기 싫어." (『물방앗간2』(민음사), 365-67)

'Tom—' she began, faintly, 'I am come back to you—I am come back home—for refuge—to tell you everything—'

'You will find no home with me,' he answered with tremulous rage. 'You have disgraced us all — you have disgraced my father's name. You have been a curse to your best friends. You have been base — deceitful — no motives are strong enough to restrain you. I wash my hands of you for ever. You don't belong to me.'

Their mother had come to the door now. She stood paralysed by the double shock of seeing Maggie and hearing Tom's words.

'Tom,' said Maggie, with more courage, 'I am perhaps not so guilty as you believe me to be. I never meant to give way to my feelings. I struggled against them. I was carried too far in the boat to come back on Tuesday. I came back as soon as I could.'

(...)

'Tom,' she said, crushing her hands together under her cloak, in the effort to speak again — 'Whatever I have done — I repent it bitterly — I want to make amends — I will endure anything — I want to be kept from doing wrong again.'

'What will keep you?' said Tom, with cruel bitterness. 'Not religion — not your natural feelings of gratitude and honour. And he — he would deserve to be shot, if it were not — But you are ten times worse than he is. I loathe your character and your conduct. (...) If you are in want, I will provide for you — let my mother know. I have to bear the thought of your disgrace — the sight of you is hateful to me.' (612-14)

이처럼 톰은 돌아가시기 전 여동생과 어머니를 잘 돌봐주라는 아버지의 당부대로 매기를 돌봐주려 하지만 그리티(Gritty) 고모를 너그러운 사랑으로 대한 아버지와는 달리, 물질적으로만 돌볼 뿐 매기의 곤경에 연민을 보이지 않는다. 다시 말해 동생을 찾아 나서지 않고 집을 지키며 맡겨진 일을 하는 것으로 자기 책임과 의무를 다 한 것으로 착각한 맏아들처럼, 톰은 집안의 빚을 갚고 매기를 경제적으로 돌봐주는 것으로 자기 책임을 다한 것으로 착각했던 것이다. 아버지가 진짜로 원한 것은 경제적 부양이 아니라 여동생을 아끼고 사랑하는 마음이지만, 그는 아버지의 진심을 몰랐던 것이다.

마을사람들도 마찬가지다. 작가는 "세상 아내들"(618)의 악의적 험담과 스티븐과 결혼하지 않은 채 돌아온 매기를 마치 술집 여자처럼 대하는 토리(Tory)라는 청년을 통해 마을의 여론 및 대다수 남성의 반응을 보여준다. 매기가 스티븐과 결혼하여 몇 달 후에 돌아왔다면, 세인트 오그스 읍에서는 이 일을 "낭만적인"(620) 로맨스로 여겨 그녀를 동정하며 환영했겠지만, 마을에서는 매기가 마을의 공기를 정화시키기 위해 어디론가 멀리 떠나주기를 바란다.

> "그 여자가 여기를 떠나서 미국 같은 데로 멀리 떠나면 좋을 텐데. 그녀 때문에 오염된 세인트 오그스의 공기를 정화할 수 있도록. 이곳 딸들에게는 정말 위험한 본보기야. 그 여자에게는 이제 좋은 일은 전혀 생기지 않을 거야. 오직 뉘우치기를, 그래서 하느님의 자비가 내리길 바라야지. 그도 그럴 것이 하느님은 세상 아내들처럼 사회의 일을 직접 챙기지는 않으니까." (『플로스강의 물방앗간2』(민음사), 377)

> It was to be hoped that she would go out of the neighbourhood—to America, or anywhere—so as to purify the air of St Ogg's from the taint

of her presence—extremely dangerous to daughters there! No good could happen to her:—it was only to be hoped she would repent, and that God would have mercy on her: He had not the care of sociery on His hands as the world's wife had. (621)

두 일화에서 집을 떠났던 매기가 돌아오는 "탕자"의 패턴은 같지만, 두 번째 일화에서 집에 돌아온 매기는 이전과 전혀 다른 대접을 받는다. 돌아와 환대받는 첫 번째 일화와 달리, 두 번째 일화에서는 아버지가 돌아 가셨기 때문에 환대받지 못할 뿐 아니라 톰에게 엄청난 비난을 받는다. 또한 첫 번째 일화에서 톰은 매기를 야단치지도, 아버지에게 불만을 토로하지도 않고 그냥 넘어가므로 아직 "집안의 탕자"의 모습을 보이지 않지만, 두 번째 일화에서 톰은 철저히 "집안의 탕자"로서의 모습을 보인다. 따라서 죄인과 구원받은 사람간의 구분이 분명한 첫 번째 우화와 달리, 두 번째 일화에서는 돌아온 매기를 환영하는 아버지도, 구원도 없으며, 매기가 다만 죽음을 통해 용서받게 된다.

"집안의 탕자"

이제까지는 주로 "돌아온 탕자"인 둘째 아들에게 주목해 왔지만, 맏아들에게도 주목해볼 필요가 있다. 이 "돌아온 탕자" 얘기에서는 보통 아버지의 무한한 사랑과 탕자의 회개, 그리고 동생에 대한 사랑과 연민 없는 바리새인 같은 맏아들의 왜곡된 충성이 강조된다. 여기서 필자는 맏아들이 "돌아온 탕자"와는 다르지만 공통되는 점도 있기 때문에 "집안의 탕자"라는 용어를 생각해 보았다. 맏아들은 "집안의 탕자"로서 1)

불만과 2) 피해의식, 3) 늘 자기만이 옳다는 지나친 자기 의(이용규(2007), 101-75)를 드러낸다. 좀 더 자세히 살펴본다면, 톰은 자기 처지에 대해 강한 불만을 갖고 있으며, 자신만이 집안을 일으키기 위해 모든 욕망을 억제하고 열심히 일한다는 피해의식을 갖고 있으며, 언제나 자기만이 옳고 정당하다는 강한 자기 의를 갖고 있다.

그런데 "집안의 탕자"를 살펴본다면 엘리엇의 기독교관을 더욱 면밀히 살펴볼 수 있다. 둘째 아들이 아버지 생전에 받은 유산을 탕진하는 동안 아버지 곁에서 열심히 일한 맏아들처럼, 도슨(Dodson)가의 아들인 톰은 집안이 파산한 뒤 모든 욕망을 억제하고 근면성실하게 일해 집안을 일으켜 세웠다. 즉 그는 풀릿 이모부 밑에서 일하면서 한푼 두푼 저축하고 밥(Bob)과 함께 선박에 투자해 큰돈을 벌어 집안 빚을 갚는 등 겉보기에는 아무 비난받을 잘못이 없을 뿐 아니라, 이일로 일가 친척간의 칭송이 자자하다.

그러나 그는 둘째 아들을 애타게 기다리며 찾는 아버지의 심정을 모르며 동생에 대한 연민도 전혀 없다. "돌아온 탕자"인 둘째 아들에 비해 맏아들은 "집안의 탕자"이므로, 이런 의미에서 두 형제 다 탕자가 된다. 더 나아가 모든 인간은 두 형제처럼 "돌아온 탕자"나 "집안의 탕자"라는 차이는 있겠지만, 결국 탕자라는 것이다. 이처럼 작가는 이 탕자 우화를 통해 매기가 허물 있는 "돌아온 탕자"임을 인정하면서 동시에 톰도 아버지의 심정을 모르는 맏아들 같은 "집안의 탕자"임을 암시한다.

이런 연결고리에서 "돌아온 탕자"지만 실은 지은 죄가 별로 없는 매기와는 대조적으로, "집안의 탕자"인 톰은 표면상 아무 죄 없는 의인처럼 보이지만 실은 자기 정의감에 입각해 남을 가차 없이 비난하고 정죄하며[8] 타인에게 연민을 베풀지 않는 죄인이다. 왜냐하면 그는 맏아들로 대변되는 위선적인 바리새인이나 서기관 같은 존재이기 때문이다. 작가는 어떤 의미에서 톰이 더 무서운 탕자임을 고발하며, 이것이 바로 작가가 성경의 "탕자" 얘기를 빌어 말하고자 하는 바다. 따라서 엘리엇의 초점은 "돌아온 탕자"보다 오히려 "집안의 탕자"에 있는 듯하다. 다시 말해 엘리엇이 "돌아온 탕자"의 비유를 통해 기독교적 색채를 강조하는 듯 하지만, 그 안에는 "인간성"(humanity)이라는 측면에서 "집안의 탕자"인 톰을 통해 오히려 약자에 대한 연민 없이 정죄하는 빗나간 기독교를 비판한다는 것이다.

이 점이 "격언으로 사는 남성"(man of maxims, 628)인 톰의 묘사에서 계속 강조된다. 즉 자기 잘못은 모르면서 남은 가혹하게 정죄하는 톰의 이런 모습은 다른 곳에서도 찾아볼 수 있다. 가령 본인이 저지른 잘못에 대해 반드시 벌을 받아야 한다고 생각하여 루시를 진흙탕에 밀어 넣은 매기의 잘못을 하녀에게 일러바치지만, 이모의 명령을 어기고 연못에 간 자기 잘못은 까맣게 잊어버린 첫 번째 일화가 그 대표적 예다. 죽은 토끼에 관한 두 번째 일화에서 그는 누이를 사랑하지만, 아버지처럼 매기의 영리함이나 상상력을 칭찬하지 않고 늘 공정함과 바른 행동을 요구한다. 그는 스털링 목사가 운영하는 학교에서 집으로 오면서 매기

---

8) 톰의 이런 측면은 "탕자의 비유에 나오는 큰 아들의 마음", 즉 "큰 아들이 자기 동생을 판단"하는 마음이라 표현된다. 이용규(2006). 149, 150면.

에게 낚시 줄을 선물로 가져왔지만, 학교로 가면서 돌보라고 당부한 토끼들을 깜빡 잊고 돌보지 않아 죽게 한 매기의 잘못을 절대로 용서하지 않는다. 세 번째 필립과의 일화에서 톰은 집안 원수인 웨이컴의 아들이란 이유로 필립을 만나지 못하게 하며, 매기가 필립을 마지막으로 만나는 장소까지 따라가 그의 신체적 불구를 언급하면서 모욕하는가 하면, 자신이 집안을 일으키려 분투노력할 때 필립이나 만나러 다녔다고 매기를 비난한다. 매기가 톰에게 참았던 분노를 폭발시켜 "바리새인(a Pharisee)"(450)처럼 비겁하며 동정심도 없다고 신랄히 비난할 때, 이는 바로 작가가 "집안의 탕자"인 톰에게 하고 싶었던 말이라 할 수 있다. 이 세 가지 일화에서 사랑보다 엄격한 올바름에 입각하여 연민 없이 매기를 정죄하는 "집안의 탕자"인 톰의 모습이 암시된다.

톰이 매기를 집안에서 내쫓는 행동은 집에서 쫓겨난 매기를 자기 집에 받아들여줄 뿐 아니라 자기 딸에게 매기의 이름을 붙여준 밥의 너그러운 행동과 매우 대조된다.[9] 밥은 하류 계급의 무식한 인물이지만 집안의 파산으로 모든 산림이 경매로 팔려나가 읽을 책이 거의 없어진 매기에게 예전에 책을 선물로 갖다 주었을 때처럼 "변함없이 기사도"

---

9) 밥의 등장에는 두 가지 목적이 있다. 즉 톰이 얼마나 자기 기준에 맞춰 행동하는 인물인지, 그리고 밥이 얼마나 자기 이익을 잘 아는 인물인지 보여준다. 사기꾼이라는 톰의 비난보다 주머니칼 선물을 기억하는 밥의 너그러운 마음은 톰의 편협한 정의감과 대비된다. 밥은 톰과 매기보다 무식한 하류계급 인물이지만, 털리버 집안을 진심으로 돕는 유일한 인물이다. 밥은 다정하지만 성급한 성격의 털리버가와 현실적으로 영리하지만 지나치게 형식과 체면을 중시하는 도슨가 사이에서 중용을 지키는 인물이다. 밥의 너그러움은 조카인 톰을 도울 때조차 지나치게 따지는 글레그 부부의 신중함과 매우 대조적이다. Eliot, George. *The Mill*. 405-23 참조.

(615)를 발휘하는 존재, 즉 공감을 지닌 인물로 제시된다.

작가는 충동적으로 집시에게 가는가 하면, 커서는 스티븐과 마을을 떠났다가 돌아오는 등 생각 없이 좌충우돌하는 매기의 잘못은 그것대로 비난하면서 동시에 겉으로는 문제가 없으나 바리새인처럼 연민을 잊고 자기 의를 내세우는 톰도 준엄히 비판한다. 다시 말해 톰과 마을 사람들은 자기만이 옳다고 잘난 척하는 바리새인과 서기관 같은 존재로서, 이들은 자신에게 교만과 위선 등 더 큰 자기 죄는 모르고 남만 정죄한다는 것이다. 톰과 마을사람들은 바로 이런 부류의 사람들이며, 이들에 대한 비판이 엘리엇의 핵심이다. 따라서 모든 인간은 어차피 똑같이 죄를 지을 수밖에 없는 탕자 같은 존재이며, 우리에게 필요한 것은 타인의 곤경에 대한 비판과 정죄가 아니라 타인에 대한 연민과 배려라는 것이다.

매기가 톰을 구하고 함께 익사하는 결말에 작가의 이런 생각이 더욱 확실하게 드러난다. 구체적으로 다시 결혼해달라는 스티븐의 편지를 받고 밤새 고민하던 매기는 갑자기 물이 무릎까지 차오르고 집이 홍수로 범람했다는 사실을 깨닫자, 급히 밥 부부를 깨운 뒤 급류에 휩쓸리면서도 혼자 있는 톰을 구하러 가서 일층까지 물에 잠긴 집에 있던 톰을 구한다.[10) 루시를 찾아 나선 그들은 강에 떠다니는 나무기계에 휩쓸려 꼭 껴안고 함께 익사한다. 톰은 소설에서 내내 자기가 동생을 잘 돌

---

10) 탕자의 비유 외에 이 익사 장면에 내포된 여러 가지 복합적 의미에 대해서는 졸고 "『플로스강의 물방앗간』", 『죠지 엘리어트와 여성문제』. 115-22. "『플로스강의 물방앗간』과 '상징폭력'." 167-69. "지젝의 이데올로기와 주체: 『플로스강의 물방앗간』", 185-88. "『플로스강의 물방앗간』: 남매의 사랑과 갈등," 130-31, 141-43 참조

봐주겠다고 주장했지만, 막상 홍수가 났을 때 톰의 안전을 위해 생명을 무릅쓰고 노를 저어 결국 오빠를 구한 사람은 매기였던 것이다. 이런 맥락에서 연민을 지닌 뱃사공 오그, 즉 현대의 성인은 보트를 타고 오빠를 구한 매기라 하겠다. 매기는 밥 외에 딱히 도와줄 만한 착한 사마리아인이 없는 곤경에 처해 있었지만, 오히려 타인의 곤경에 대해 연민을 보여주었던 것이다. 매기의 이 구조행위는 뱃사공 세인트 오그 전설이 암시하는 연민의 중요성을 상기시킨다. 이런 맥락에서 "인류교"를 더 나은 사회를 만들기 위해 필요한 "인간과 개인의 도덕적·지적 능력에 대한 믿음"이라 정의하고 독자에게 "인류교"를 주입하는 게 자신의 목표라 했던 작가가 인류교에 도달한 여주인공의 모습을 보여줬다는 지적(George Eliot Biography.Encyclopedia of World Biography. http://www.bookrags.com/biography/george-eliot)은 타당한 지적이다.

또한 이 결말과 관련하여 마녀 이야기를 상기해 볼 필요가 있다. 왜냐하면 앞에 복선처럼 암시된 마녀 이야기에는 중대한 의미가 함축되어 있기 때문이다. 매기는 죽어서 무죄를 입증하고 톰과 화해하여 톰의 인식을 바꾸므로 그녀의 죽음은 헛되지 않다는, 남매의 화해에 대한 긍정적 해석이 있다. 그러나 죽어서 무죄를 인정받는 마녀의 이야기에 대해 "하지만 물에 빠져서 죽고 난 다음에 그게 [마녀가 아니라고 판명되는 것이] 무슨 소용 있겠는가?"(66)라는 매기의[11] 질문처럼, 톰과 화해

---

11) 니나 아우얼바하는 마녀 모티브와 관련하여 매기의 눈이 번연(Bunyan)의 악마를 상기시킨다고 지적한 바 있다. Auerbach, Nina. "The Power of Hunger: Demonism and Maggie Tulliver." *Modern Critical Interpretations: George Eliot's* "The Mill on the Floss." ed. Harold Bloom (New York: Chelsea House Publishers, 1988), 55-56, 68 참조.

하고 죽는 것이 무슨 의미가 있느냐고 의문을 제기할 수 있다. 이런 맥락에서 매기가 톰을 구하는 익사 장면에는 성서를 비틀어 사용하는 엘리엇의 성서수용방식이 잘 드러나 있다고 하겠다.

이처럼 작가는 이 탕자 이야기를 통해 매기가 '돌아온 탕자'지만 실은 상황의 희생자인 측면이 다분하며, 톰은 표면상 문제가 없으나 타인에게 연민과 인정머리 없는 '집안의 탕자'라는 사실을 암시한다. 요컨대 아무 잘못 없이 떠났다가 돌아와 죄 없이 비난받는 매기와 냉정한 바리새인 같은 톰을 통해 공감과 연민의 필요성을 강조한다는 것이다. 따라서 작가는 누가 진짜 탕자인지 그 경계선이 분명치 않으며, 사회적 · 윤리적으로 죄를 판단하는 일이 얼마나 간단치 않고 복잡한 일인지 암시한다(Purdy; http://muse.jhu.edu/journals/studies_in_philology/v102/102.2purdy-pdf). 종교에서 연민과 사랑이 빠진다면 인간은 누구나 '집안의 탕자'가될 수밖에 없으며, 연민이 없는 '집안의 탕자'는 '돌아온 탕자'를 비난할 자격이 없다는 것이다. 작가는 이처럼 사랑과 용서가 부족한 규율적인 바리새인 같은 톰에 대한 경멸을 통해 성경을 교훈이나 윤리적 목적을 위해 융통성 없이 적용해서는 안 된다는 메시지를 강하게 전달하고있다.

3

이상의 검토 결과, 엘리엇은 기독교 집안에서 자라고 교육받았으며 당시의 선진적인 신학 연구자들의 글을 탐독하고 번역하는 등 학문적으로나 실제 삶에 있어 기독교와 밀접한 관련 하에 지냈다. 그러나 과학의 발달로 인한 급속한 변화의 시기에 정통적인 기독교관이 지식인을 중심으로 해체되기 시작하자, 엘리엇은 많은 고민 끝에 "인류교"에서 한 가닥 희망을 발견한 것으로 보인다. 따라서 엘리엇의 19세기 기독교 연구는 당대 영국 지성사의 한 단면을 밝히는, 엘리엇의 작품 분석에 있어 필수적인 작업이라 할 수 있다. 이런 문제의식 하에 본고에서는 이 작품이 매기에게 극화시킨 "돌아온 탕자"라는 성경적 우화를 톰에게도 적용시켜 "집안의 탕자"로 새롭게 자리매김함으로써, 엘리엇이 평소 주장하던 약자에 대한 공감의 확대라는 그녀의 인본교에 내재된 문학관을 살펴보았다.

구체적으로 엘리엇이 이 작품에서 인용한 성경적 내용이 갖는 의미를 살펴보았다. 이 탕자 우화에서 매기가 "돌아온 탕자"인 것은 작품 속 언급에서 명약관화하며, 톰이 표면상 아무 잘못 없는 의인인 것 같지만 잘 들여다보면 여동생의 곤경을 외면하고 연민과 공감 없이 비판하고 정죄했다는 점에서 종교상의 형식주의자나 위선자, 즉 "집안의 탕자"라 할 수 있음을 확인해보았다. 즉 인간의 가장 큰 죄는 연민의 결여라는 점에서, 이 "탕자" 우화가 예술이 "연민의 확대"라는 엘리엇의 예술관 및 "인류교"에 맞닿아 있다는 사실도 확인하였다.

이처럼 전통적인 성서해석 방식에 따른 탕자의 비유를 톰과 매기의 관계에 적용시킨 결과, 이 작품에 성경적 언급이 많이 나오지만 엘리엇은 성경을 그대로 인용한 게 아니라 자신의 "인류교"에 입각하여 자기

식으로 재해석했으며, 이것이 엘리엇이 성경 속 우화를 끌어다 쓰면서
기존 기독교와 차별화되는 부분이라 할 수 있다.[12] 즉 이 작품에 나타
난 성경적 암시는 그저 성경적 의미만을 환기시키는 게 아니라, 성서를
자기 식대로 비틀어 사용한다는 것이다. 다시 말해 작가는 두 탕자의
비교, 특히 "집안의 탕자"인 톰을 통해 연민과 사랑을 중시하는 기독교
적 가치관을 수용하면서 동시에 성경을 율법적으로 받아들이는 기독교
적 가치관을 비판하는 양면성을 보여준다. 이런 맥락에서 이 작품이 대
단히 성경적인 텍스트처럼 보이지만, 잘 들여다보면 배교적(pagan) 내용
이 숨어있다는 퍼디(Purdy 246)의 의견은 매우 적절한 지적이다. 따라서
엘리엇이 기독교와 거의 관련 없으며 엘리엇의 "신이라는 문제와 관련
하여 궁극적 입장은 무신론자"(172)이며, 엘리엇이 기독교 신앙에 있어
"비국교도이자 교리를 안 따르며 종교의 가르침을 실천하지 않았다"는
호지슨의 지적(noncomformist, noncreedal, nonpracticing, Hodgson 174: The
Mystery beneath the Real: Theology in the Fiction of George Eliot. Anglican
Theological Review. Fall, 2002. Rule, Philip C. (http://findarticles.com/p/
articles/mi_벼3818/is_200210/ai_n9136793에서 재인용))도 같은 맥락의 지

---

12) 이교도적 생각을 믿고 있는 털리버가 아들에게 성경에 대고 복수를 맹세케 한다
   든지, 성경책에 웨이컴에 대한 복수를 기록한 것은(3권 9장) 그리 놀라운 일이 아
   니다. 종교와 일상생활이 별개인 그들에게는 종교에 대대로 내려오는 관습 이상
   의 기준이 없으며 그들의 삶은 관습에 지배된다. 즉 도덕적·종교적 원칙과 사회
   적 관습이 구별되지 않는다. "알곡과 가라지" 우화도 보는 관점에 따라 "알곡"과
   "가라지"가 달라질 수 있으며 털리버가 아들에게 성경에 웨이컴에 대한 복수를
   맹세하게 하는 것도 성경을 아이러니하게 사용하는 예가 된다. Purdy, D. H.
   233-46 참조.

적이라 하겠다.

　이런 종교관은 사회적 추방을 경험한 엘리엇 자신의 전기와 관련하여 설명될 수 있다. 그녀는 자신을 문학의 길로 인도하고 끊임없이 창작을 격려해준 G. H 루이스(Lewis) 덕분에 37세라는 늦은 나이에 소설을 쓰기 시작했다. 루이스의 격려가 없었다면 오늘날 위대한 작가 조지 엘리엇도 존재하지 않았을 것이다. 이들은 분명히 오랜 기간 서로 헌신한 영혼의 벗(soul-mate)이었지만, 남편의 친구와 바람이 난 루이스의 아내 아그네스 저비스(Agnes Jervis)와의 이혼을 허락지 않는 영국법 때문에 루이스와 정식으로 결혼하지 못하고 동거할 수밖에 없었으며, 이 동거로 인해 엘리엇은 무수한 사회적・도덕적 비난을 받았다. 여기서 당대 윤리적・사회적 규범을 어긴 엘리엇의 고민과 외로움을 엿볼 수 있다. 그녀는 특히 오빠 아이작(Isaac)과의 단절을 가장 괴로워했다. 엘리엇은 루이스의 사후 그들 부부와 오랜 친구였던 미국의 은행가 20세 연하인 존 월터 크로스(John Walter Cross)와 1880년에 정식 결혼식을 올리고 나서야 이 합법적 결혼을 기뻐한 오빠와 화해했으니 무려 26년간이나 오빠와 의절했던 것이다. 그녀는 오빠와의 의절 및 사회적 단절로 인한 자신의 쓰라린 경험 때문에, 율법보다 은혜, 바리새인보다 사마리아인의 긍휼과 사랑과 자비, 윤리적・사회적 비난 대신 인간적 연민과 공감의 확대를 기대한 것으로 보인다. 그녀에게 가장 아쉽고 그리웠던 것은 곤경에 처한 그녀에게 건네주는 따뜻한 말 한 마디와 손길, 즉 동료 인간의 연민과 공감이었을 것이다. 따라서 이런 은혜와 사랑, 긍휼, 연민과 공감을 베풀지 못하는 톰과 마을 사람들을 비판하면서 '돌아온 탕자'도 받아들여주는 아버지처럼 연민의 필요성을 역설한 게 아닌가 싶다.

엘리엇은 이 작품에서 매기를 통해 온건하고도 점잖게 썼지만, 자신이 온몸으로 겪은 사회의 냉대와 비판, 정죄에 대한 묘사는 피를 토하며 부르는 백조의 노래와도 같다. 이런 맥락에서 엘리엇의 작품세계가 예술이 "연민의 확대"라는 메시지의 반복이라는 점을 확인해 보았다.

인용문헌

새무얼 이녹 스텀프. 이광래 옮김. 『서양 철학사』. 서울: 종로서적, 1983.
이용규. 『내려놓음』. 서울: 규장, 2006.
_____. 『더 내려놓음』. 서울: 규장, 2007.
쿠르트 프리틀라인. 『서양 철학사』. 서울: 서광사, 1990.
한애경. 「『플로스강의 물방앗간』」. 『죠지 엘리어트와 여성문제』. 서울: 동인
　　　출판사, 1998. 95-122.
_____. 「『플로스강의 물방앗간』과 '상징폭력'」, 「지젝의 이데올로기와 주체:
　　　『플로스강의 물방앗간』」. 『19세기 영국여성작가 읽기』. 서울: L.I.E.,
　　　2008. 153-73, 174-91.
_____. 「『플로스강의 물방앗간』: 남매의 사랑과 갈등」. 『19세기 영국소설과
　　　영화』. 서울: L.I.E., 2009. 121-45.
_____ & 이봉지 역. 『플로스강의 물방앗간 1 & 2』. 서울: 민음사, 2007.
Eliot, George. *The Mill on the Floss* (1860). Harmondsworth: Penguin, 1974.
Adams, Kimberly VanEsveld. *Our Lady of Victorian Feminism: The Madonna in the Work
　　　of Ann Jameson, Margaret Fuller, and George Eliot*. Athens: Ohio UP, 2001.

Armitt, Lucie ed. *George Eliot: Adam Bede, The Mill on the Floss, Middlemarch (Columbia Critical Guides)*. New York: Cambridge UP, 2000.

Ashton, Rosemary. *The Mill on the Floss: A Natural History* (Twayne's Masterwork Studies). Twayne Publishers: Boston, 1990.

Auerbach, Nina. *Romantic Imprisonment: Women and Other Glorified Outcasts*. New York: Columbia UP, 1985.

_____. "The Power of Hunger: Demonism and Maggie Tulliver." *Modern Critical Interpretations: George Eliot's "The Mill on the Floss."* ed. Harold Bloom. New York: Chelsea House Publishers, 1988.

Beer, Gillian. *Darwin's Plots: Evolutionary Narrative in Darwin, George Eliot and Nineteenth-Century Fiction*. London: Routledge & Kegan Paul, 1983.

Byatt, A. S. *George Eliot's The Mill on the Floss*. Harmondsworth: Penguin, 2003.

Bushnell, John P. "Maggie Tulliver's 'Stored-up Force': A Re-reading of *The Mill on the Floss*." *Studies in the Novel* 16 (1984): 378-95.

Carpener, Mary Wilson. *George Eliot and the Landscape of Time: Narrative Form and Protestant Apocalyptic History*. Chapel Hill: The U of North Carolina P, 1986.

Cross, John. *George Eliot's Life as Related in her Letters and Journals*. Arranged and Edited by Her Husband, J. W. Cross, V.II, 1885.

David, Deidre. *Intellectual Women and Victorian Patriarchy: Harriet Martineau, Elizabeth Barret Browning, George Eliot*. New York: Cornell UP, 1987.

Engels, Frederick. *Feuerbach: The Roots of Socialist Philosophy*. Trans. by Austen Lewis. Chicago: Charles H. Kerr & Co., 1912.

Feuerbach, Ludwig. *The Essence of Christianity*. Trans. by George Eliot. New York: Harper & Row, 1957.

Fisch, Harold. "Biblical Realism in Silas Marner." *Identity and Ethos: A Festschrift for Sol Liptzin on the Occasion of His 85th Birthday*. ed. Mark H. Gelber. New York: Peter Lang, 1986. 352-54.

Hagan, John. "A Reinterpretation of *The Mill on the Floss*." *PMLA* 87 (1972): 53-63.

Haight, Gordon S., ed. *Selections of George Eliot's Letters*. New Haven and London: Yale UP, 1985.

_____, ed. *A Century of George Eliot Criticism*. Boston: Houghton Mifflin Company, 1965.

Knoepflmacher, U. C. *Religious Humanism and the Victorian Novel*. Princeton, N.J.: Princeton UP, 1965.

_____. "George Eliot, Feuerbach, and the Question of Criticism." *Victorian Studies* V (1964): 306-09.

Law-Vilijoen. *Midras, Myth, and Prosphecy: George Eliot's Reinterpretation of Biblical stories, Literature and Theology*. Oxford UP, 1997.

Leavis, F. R. *The Pilgrim Maggie: Natural Glory and Natural History in the Mill on the Floss, Literature and Theology*. Oxford UP, 1998.

Levine G. *Determinism and Responsibility in the Works of George Eliot*. PMLA, 1962.

McSweeney Kerry. *George Eliot (Marian Evans): A Literary Life*. New York: St. Martin's P, 1991.

Paris, Bernard. "Toward a Revaluation of George Eliot's *The Mill on the Floss*." *Nineteenth Century Fiction* 11 (1956): 18-31.

_____. *Experiments in Life: George Eliot's Quest for Values*. Detroit: Wayne State UP, 1965.

Pinion, F. B. *A George Eliot Companion: Literary Achievement and Modern Significance*. London & Basingstoke: Macmillan, 1981.

Pinney, Thomas. "Evangelical Teaching: Dr. Gumming." *Essays of George Eliot*. London: Routledge and Kegan Paul, 1963.

_____. "The Authority of the Past in George Eliot's Novels." *Nineteenth- Century Fiction*, 1966.

Putzell, S. M. "The Search for a Higher Rule: Spiritual Progress in the Novels of George Eliot." *Journal of the American Academy of Religion*, 1979.

Rignall, John, ed. *Oxford Reader's Companion to George Eliot*. New York: Oxford UP,

2000.

Showalter, Elaine. "Florence Nightingale's Feminist Complaint: Women, Religion, and Suggestions for Thought." *Signs*, 1981.

Willey, Basil. *Nineteenth Century Studies*. New York: Harper & Row, 1949.

Wright, T. R. "The Religion of Humanity: The Impact of Comtean Positivism on Victorian Britain." Cambridge: Cambridge UP, 1986. 173-201. ed. "Studies in George Eliot." *Cahiers Victoriens et Édouardiens* 26, 1987.

Galloway, Shirley. "The Casuitry of George Eliot." 1993. http://www.cyberpat. com/Shirlsite/essays/casuist.html

George Eliot: Biography and Much More from Answers.com (http://www. answers.com/topic/george-eliot)

Paris, Benard J. "Rereading George Eliot: Changing Perspectives on her Experiments in Life." (http://grove.ufl.edu/~bjparis/books/eliot/index.html)

_____. "George Eliot's Religion of Humanity." JSTOR: ELH, V. 29, No. 4 (Dec., 1962). (http://www.418-443.jstor.org/pss/2871945)

Purdy, D. H. "The Wit of Biblical Allusion in *The Mill on the Floss*." *Studies in Philology*, Chapel Hill. Vol. 102: 2 (Spring 2005), 233-46. (http:// muse.jhu.edu/journals/studies_in_philology/v102/102.2purdy-pdf)

Qualis, B. George Eliot and Religion—The Cambridge Companion to George Eliot, 2001—books.google.com

The Mystery beneath the Real: Theology in the Fiction of George Eliot. Anglican Theological Review. Fall, 2002. Rule, Philip C. (http://findarticles. com/p/articles/mi_며3818/is_200210/ai_n9136793)

http://www.notablegraphies.com/Du-Fi/Eliot-George.html.George.Eliot.biography

http://Bostonphoenix.97.10.13com/Archive/tv/97/10/The Mill on the Floss.html

http://www.Amazon.com/com/exec/obidos/ASIN

http://www.Amazon.com/com/exec/obidos

http://amazon.imdb.com/Title/ASIN

http://amazon.imdb.com/Details/ASIN

http://www.personal.psu.edu/faculty/t/a/kaw16/Eliot.htm

http://b-book.co.kr/newbook/view-article

http://findarticles.com/p/articles/"Mystery beneath the Real: Theology in the Fiction of George Eliot."

지은이 한애경

이화여자대학교 영문과를 졸업하고 서울대학교 대학원 영문과에서 석·박사 학위를 받았다. 코네티컷 대학교와 예일 대학교, 퍼듀 대학교, 노스캐롤라이나 대학교 등에서 연구하였으며, 현재 한국기술교육대학교 교수로 재직 중이다. 지은 책으로『죠지 엘리어트와 여성문제』,『19세기 영국 여성 작가 읽기』,『19세기 영국설과 영화』,『플로스강의 물방앗간』이 있으며,『플로스강의 물방앗간 1,2』와『위대한 개츠비』등의 역서와 많은 공동 번역이 있다.

『플로스강의 물방앗간』 다시 읽기

초판 1쇄 발행일 2011. 7. 20

지은이	한애경
펴낸곳	도서출판 동인
펴낸이	이성모
주 소	서울시 종로구 명륜동 아남주상복합빌딩 118호
전 화	(02)765-7145, 55
팩 스	(02)765-7165
HomePage	www.donginbook.co.kr
E-mail	dongin60@chol.com

등록번호	제 1-1599호
ISBN	978-89-5506-473-5
정 가	15,000원